„Bücher sind wie Fallschirme. Sie nützen uns nichts, wenn wir sie nicht öffnen."

Gröls Verlag

Redaktionelle Hinweise und Impressum

Das vorliegende Werk wurde zugunsten der Authentizität sehr zurückhaltend bearbeitet. So wurden etwa ursprüngliche Rechtschreibfehler regelmäßig *nicht* behoben, denn kleine Unvollkommenheiten machen das Buch – wie im Übrigen den Menschen – erst authentisch. Mitunter wurden jedoch zum Beispiel Absätze behutsam neu getrennt, um den Lesefluss zu erleichtern.

Um die Texte zu rekonstruieren, werden antiquarische Bücher von Lesegeräten gescannt und dann durch eine Software lesbar gemacht. Der so entstandene Text wird von Menschen gegengelesen und korrigiert – hierbei treten auch Fehler auf. Wenn Sie ebenfalls antiquarische Texte einreichen möchten, finden Sie weitere Informationen auf www.groels.de

Viel Freude bei der Lektüre wünscht Ihnen das Team des Gröls-Verlags.

Adressen

Verleger: Hermann-Josef Gröls,

Im Borngrund 26, 61440 Oberursel

Externer Dienstleister für Distribution & Herstellung:

BoD, In de Tarpen 42, 22848 Norderstedt

Unsere „Edition | Werke der Weltliteratur" hat den Anspruch, eine der größten und vollständigsten Sammlungen klassischer Literatur in deutscher Sprache zu werden. Nach und nach versammeln wir hier nicht nur die „üblichen Verdächtigen" von Goethe bis Schiller, sondern auch Kleinode der vergangenen Jahrhunderte, die – zu Unrecht – drohen, in Vergessenheit zu geraten. Wir kultivieren und kuratieren damit einen der wertvollsten Bereiche der abendländischen Kultur. Kleine Auswahl:

Francis Bacon • Neues Organon • **Balzac** • Glanz und Elend der Kurtisanen • **Joachim H. Campe** • Robinson der Jüngere • **Dante Alighieri** • Die Göttliche Komödie • **Daniel Defoe** • Robinson Crusoe • **Charles Dickens** • Oliver Twist • **Denis Diderot** • Jacques der Fatalist • **Fjodor Dostojewski** • Schuld und Sühne • **Arthur Conan Doyle** • Der Hund von Baskerville • **Marie von Ebner-Eschenbach** • Das Gemeindekind • **Elisabeth von Österreich** • Das Poetische Tagebuch • **Friedrich Engels** • Die Lage der arbeitenden Klasse • **Ludwig Feuerbach** • Das Wesen des Christentums • **Johann G. Fichte** • Reden an die deutsche Nation • **Fitzgerald** • Zärtlich ist die Nacht • **Flaubert** • Madame Bovary • **Gorch Fock** • Seefahrt ist not! • **Theodor Fontane** • Effi Briest • **Robert Musil** • Über die Dummheit • **Edgar Wallace** • Der Frosch mit der Maske • **Jakob Wassermann** • Der Fall Maurizius • **Oscar Wilde** • Das Bildnis des Dorian Grey • **Émile Zola** • Germinal • **Stefan Zweig** • Schachnovelle • **Hugo von Hofmannsthal** • Der Tor und der Tod • **Anton Tschechow** • Ein Heiratsantrag • **Arthur Schnitzler** • Reigen • **Friedrich Schiller** • Kabale und Liebe • **Nicolo Machiavelli** • Der Fürst • **Gotthold E. Lessing** • Nathan der Weise • **Augustinus** • Die Bekenntnisse des heiligen Augustinus • **Marcus Aurelius** • Selbstbetrachtungen • **Charles Baudelaire** • Die Blumen des Bösen • **Harriett Stowe** • Onkel Toms Hütte • **Walter Benjamin** • Deutsche Menschen • **Hugo Bettauer** • Die Stadt ohne Juden • **Lewis Caroll** • *und viele mehr….*

Im Taifun

Joseph Conrad

Erstes Kapitel

Die Gesichtszüge des Herrn Mac Whirr, Kapitäns des Dampfers Nan-Shan, schienen das vollkommene Widerspiel seines Charakters zu sein: sie boten keine bestimmten Merkmale weder von Festigkeit noch von Beschränktheit; sie drückten überhaupt keinerlei Eigentümlichkeit aus; sie waren einfach gewöhnlich, ausdruckslos und unbeweglich. Das Einzige, was sich in seinem Aussehen hie und da anzudeuten schien, war Schüchternheit; in den Geschäftszimmern der Reeder konnte man ihn nämlich, ein schwaches Lächeln auf dem sonnverbrannten Gesichte, mit niedergeschlagenen Augen sitzen sehen. Schlug er sie auf, so bemerkte man, daß sie blau von Farbe und offen und ehrlich im Ausdruck waren. Sein Haar, das blond und außerordentlich fein war, umschloß die kahle Wölbung seines Schädels wie ein Kranz von seidenem Flaume. Sein über der Lippe kurz abgeschnittener Bart dagegen war flammend rot und glich einem Gestrüpp von Kupferdraht, während über seine Wangen, mochte er sich noch so glatt rasieren, bei jeder Bewegung des Kopfes metallische Funken zu gleiten schienen. Er war unter Mittelgröße, etwas rundschulterig und so derb von Gliedern, daß seine Kleider immer um eine Idee zu eng für seine Arme und Beine zu sein schienen. Als ob er unfähig wäre zu begreifen, welche Anforderungen die Verschiedenheit der Breitegrade an die menschliche Kleidung stellt, trug er immer und überall einen brauen Filzhut, einen vollständigen Anzug von gleicher Farbe und plumpe schwarze Stiefel. Diese hafenmäßige Tracht gab seiner dicken Gestalt eine Art steifer, unbeholfener Eleganz. Eine dünne silberne Uhrkette zierte seine Weste, und nie verließ er das Schiff, um ans Land zu gehen, ohne einen eleganten Regenschirm allerbester Qualität, meist jedoch ungerollt, in seiner mächtigen, haarigen Faust zu halten. Der Obersteuermann Jukes, der seinen Kapitän bis an die Laufplanken begleitete, wagte es manchmal, in liebenswürdigstem Tone zu sagen: „Erlauben Sie, Herr Kapitän!" und sich mit aller Ehrerbietung des Schirmes zu bemächtigen; er hob ihn dann in die Höhe, schüttelte die Falten zurecht, drehte ihn im Nu zu einer zierlichen Rolle zusammen und händigte ihn dem Eigentümer wieder ein. Dabei machte er ein so grimmig ernstes Gesicht, daß Herr Salomon Rout, der Oberingenieur, der eben über dem Oberlicht seine Morgenzigarre rauchte, den Kopf zur Seite wandte, um ein Lächeln zu verbergen. „Ah! So! Dank' Ihnen, Jukes; dank' Ihnen!" pflegte der Kapitän anerkennend zu murmeln, ohne jedoch aufzublicken.

Da er gerade so viel und nicht mehr Einbildungskraft besaß, als er von einem Tag auf den andern brauchte, so erfreute er sich einer ruhigen Selbstgewißheit, und aus demselben Grunde lag ihm auch jede Überhebung ferne. Man betrachte seine Vorgesetzten und man wird finden, daß die mit einem reicheren Maße von Einbildungskraft begabten am ersten empfindlich, herrisch und anspruchsvoll sind; jedes Schiff aber, das Kapitän. Mac Whirr befehligte, war eine schwimmende Wohnung der Harmonie und des Friedens. Ihm war es in der Tat so wenig möglich, sich zu einem höheren Gedankenfluge aufzuschwingen, als es einem Uhrmacher möglich ist, einen Zeitmesser ohne andere Werkzeuge als eine Schrotsäge und einen zwei Pfund schweren Hammer herzustellen.

Doch die wenig anziehende Lebensgeschichte von Männern, die so völlig in den Tatsachen der nackten Wirklichkeit aufzugehen scheinen, hat auch ihre geheimnisvolle Seite. In Kapitän Mac Whirrs Falle war es zum Beispiel ein ungelöstes Rätsel, was in aller Welt den wohlgeratenen Sohn eines Krämers in Belfast veranlaßt haben mochte, seinen Eltern davonzulaufen und zur See zu gehen. Und doch hatte er gerade das getan, als er fünfzehn Jahre alt war. Bei Licht betrachtet, würde diese Tatsache genügen, um in uns die Vorstellung einer ungeheuern, mächtigen Hand zu erwecken, die unsichtbar in den Ameisenhaufen der Erde hineinfährt, Schultern packt. Köpfe zusammenstößt und die verblüfften Gesichter der Menge nach ungeahnten Richtungen hin- und nie gekannten Zielen zuwendet.

Sein Vater vergab ihm seinen törichten Ungehorsam nie ganz. „Wir hätten ihn ja entbehren können, wenn das Geschäft nicht gewesen wäre," sagte er später manchmal, „und er noch dazu unser einziger Sohn!" Seine Mutter weinte viel nach seinem Verschwinden. Da er nicht daran gedacht hatte, eine Mitteilung zu hinterlassen, so wurde er für tot betrauert, bis endlich nach acht Monaten sein erster Brief aus Talkahuano kam. Dieser war nur kurz und enthielt die Bemerkung: „Wir hatten sehr schönes Wetter zu unsrer Fahrt." Doch war in des Schreibers Augen offenbar das einzig Wichtige, was er zu berichten hatte, die Tatsache, daß sein Kapitän ihn an eben dem Tage, wo der Brief geschrieben wurde, als ordentlichen Matrosen angenommen und auf die Schiffsartikel verpflichtet hatte. „Weil ich die Arbeit leisten kann," fügte er erklärend hinzu. Die Mutter vergoß wieder viele Tränen, während der Vater seinen Gefühlen durch die Worte Luft machte: „Tom ist ein Esel." Er war ein wohlbeleibter, mit natürlicher Schlauheit begabter Mann und konnte es bis ans Ende seines Lebens nicht lassen, im Verkehr mit seinem Sohne halb mitleidig über ihn, wie über einen nicht ganz vollsinnigen Menschen zu witzeln.

Die Besuche Mac Whirrs in seiner Heimat waren natürlich selten, und so schrieb er im Laufe der Jahre eine Reihe von Briefen an seine Eltern, durch die er sie über seine verschiedenen Beförderungen, sowie über sein Hin und Her auf dem weiten Erdenrunde auf dem laufenden erhielt. In diesen Mitteilungen waren Sätze wie die folgenden enthalten: „Die Hitze ist hier sehr groß"; oder: „An Weihnachten trafen wir auf einige Eisberge." Die alten Leute lernten nach und nach alle möglichen Namen von Schiffen und ihren Führern kennen – Namen von schottischen und englischen Schiffseigentümern – Namen von Meeren, Meerengen, Vorgebirgen – ausländische Namen von Häfen für Bauholz, für Reis, für Baumwolle – Namen von Inseln und Halbinseln und endlich den Namen der jungen Frau ihres Sohnes. Sie hieß Lucy. Es kam ihm nicht in den Sinn zu erwähnen, ob er den Namen hübsch fand. Und dann starben die Eltern.

Mac Whirrs Hochzeit fand zur festgesetzten Zeit statt, nicht lange nach dem großen Tage, an dem er sein erstes Kommando erhalten hatte.

Alle diese Ereignisse hatten sich viele Jahre vor dem Morgen begeben, an dem der Kapitän sich im Kartenhause dem auffallenden Tiefstande eines Barometers gegenüber sah, dem zu mißtrauen er keinen Grund hatte. Wenn man die Vorzüglichkeit des Instrumentes und anderseits die herrschende Jahreszeit, sowie die augenblickliche Lage des Schiffes auf der Erdkugel in Betracht zog, so mußte dieser Tiefstand in hohem Grade unheilverkündend erscheinen. Allein das rote Gesicht des Mannes verriet nichts von Beunruhigung. Vorzeichen waren für ihn nicht vorhanden; ja, er war nicht imstande, die Bedeutung einer Vorhersage zu erfassen, bis ihre Erfüllung sie ihm dicht unter die Augen rückte. „Das Barometer ist gefallen, und zwar ordentlich," dachte er. „Es muß ungewöhnlich schlechtes Wetter in der Luft liegen."

Die Nan-Shan befand sich auf dem Wege vom Süden nach dem Vertragshafen von Futschou. Ihre untern Räume bargen eine Warenladung und außerdem hatte sie zweihundert chinesische Kulis an Bord, die nach einigen Arbeitsjahren in verschiedenen tropischen Kolonieen nach ihren heimatlichen Dörfern in der Provinz Fokien zurückkehrten.

Der Morgen war schön. Die glatte See hob sich ohne eine Perle Schaumes. Am Himmel stand die Sonne von einem eigentümlichen weißen Nebel wie von einem Hofe umgeben. Das ganz von Chinesen besetzte Vorderdeck zeigte in buntem Gemisch dunkle Gewänder, gelbe Gesichter und schwarze Zöpfe – dazwischen viele nackte Schultern, denn es war windstill und die Hitze drückend.

Die Kulis lagen träge herum, schwatzten, rauchten oder starrten über die Reling; einige schöpften Wasser und begossen einander damit; andre hatten sich auf Luken hingestreckt um zu schlafen, während wieder andere in Gruppen von sechs Köpfen um eiserne Präsentierbretter hockten, die mit Tellern voll Reis und winzigen Teetassen bedeckt waren. Jeder einzelne Sohn des himmlischen Reiches führte seine gesamte Habe mit sich – eine hölzerne Kiste mit klirrendem Schloß und messingbeschlagenen Ecken, die die Erträgnisse seiner Arbeit enthielt: ein und das andre Feierkleid, etwas Weihrauch, ein wenig Opium vielleicht, Stücke namenlosen Plunders von eingebildetem Werte und ein kleines Häufchen Silberdollars. Diese letztern waren auf Kohlenausladern erworben, im Spiel oder durch einen kleinen Handel gewonnen, aus der Erde gegraben, in Bergwerken, auf Eisenbahnlinien oder im toddrohenden Schilfmoor unter viel Mühe und Schweiß errungen – mit unermüdeter Geduld gesammelt, mit Sorgfalt gehütet, mit wilder Gier geliebt.

Ungefähr um zehn Uhr hatte eine Querdünung vom Formosakanal her eingesetzt, ohne jedoch unsre Passagiere viel zu beunruhigen, da die Nan-Shan mit ihrem flachen Boden, ihren Schlingerkielen und ihrer großen Breite den Ruf eines außergewöhnlich stetigen Schiffes genoß. Obersteuermann Jukes pflegte in Augenblicken gehobener Stimmung am Lande von ihr zu rühmen, daß das alte Mädchen ebenso gut sei wie schön. Kapitän Mac Whirr wäre es nie eingefallen, seine gute Meinung so laut und in solch phantastischen Ausdrücken auszusprechen. Sie war zweifellos ein gutes Schiff und auch noch nicht alt. Es war noch keine drei Jahre her, daß sie in Dumbarton auf Bestellung einer kaufmännischen Firma in Siam – Sigg & Söhne – gebaut worden war. Als das Schiff segelfertig dalag, bis ins kleinste vollendet und bereit, seine Lebensarbeit zu beginnen, ruhten die Blicke seiner Erbauer mit Stolz auf ihm.

„Sigg hat uns gebeten, ihm einen zuverlässigen Kapitän zu besorgen, um das Schiff hinauszuführen," bemerkte der eine der beiden Geschäftsinhaber, worauf der andre nach einigem Nachsinnen sagte: „Ich glaube, Mac Whirr ist eben an Land." –

„Wirklich? Dann telegraphiere ihm sofort. Das ist der rechte Mann," erklärte der ältere der beiden Männer, ohne einen Augenblick zu zögern.

Am andern Morgen stand Mac Whirr in ungestörter Seelenruhe vor den Reedern. Er war um Mitternacht mit dem Expreßzug von London abgereist nach ebenso kühlem wie schnellem Abschied von seiner Frau, deren Eltern den höheren Ständen angehört und einst bessere Tage gesehen hatten.

„Es wird gut sein, wenn wir zusammen einen Gang durch das Schiff machen," sagte der ältere der beiden Herren, und die drei Männer machten sich auf, um die Vollkommenheiten der Nan-Shan vom Steven zum Stern und vom Kolschwinn bis zu den Knöpfen ihrer stämmigen Masten in Augenschein zu nehmen. Als sie auf dem Schiff angekommen waren, entledigte sich Kapitän Mac Whirr zuerst seines Rockes und hing ihn auf das Ende eines Dampfbratspills, das eine Verkörperung all der neuesten Verbesserungen darstellte.

„Mein Onkel hat Sie mit der gestrigen Post unsern Freunden, den Herren Sigg, so gut empfohlen, daß sie Ihnen ohne Zweifel weitere Aufträge geben werden," sagte der jüngere Teilhaber der Firma. "Sie können stolz darauf sein, das schnellste Schiff dieser Größe an der chinesischen Küste zu befehligen."

„Ah? Ich danke Ihnen," murmelte Mac Whirr, für den die Aussicht auf eine ferne Möglichkeit nicht lockender war als für einen kurzsichtigen Wanderer die Schönheit einer weiten Landschaft. Er hatte den Blick zufällig gerade auf dem Schloß der Kajütentür ruhen lassen; jetzt ging er voll Eifer darauf zu und begann kräftig am Türgriff zu rütteln, während er in leisem, ernstem Tone bemerkte: „Man darf den Handwerksleuten

7

heutzutage nicht trauen. Ein nagelneues Schloß und funktioniert nicht! Sehen Sie? Sehen Sie?"

Sobald die beiden Herren sich allein in ihrem Bureau am jenseitigen Ende der Werft befanden, fragte der Neffe mit leichtem Spott: „Du hast den Burschen Sigg gegenüber so sehr herausgestrichen; was findest du eigentlich an ihm?" – „Ich gebe zu, daß er nichts von deinen neumodischen Kapitänen an sich hat, wenn du das meinst," erwiderte der ältere Mann kurz. „Ist der Vorarbeiter der Schreiner von der Nan-Shan da? ... Kommen Sie einmal herein, Bates. Was soll das sein, daß Sie uns von Taits Leuten ein schlechtes Schloß aufhängen lassen? Das Schloß der Kajütentür ist total unbrauchbar. Der Kapitän bemerkte es, sobald sein Blick darauf fiel. Lassen Sie sogleich ein andres anbringen. Ja, ja, die Kleinigkeiten, Bates – was sage ich denn immer?"

Das Schloß wurde demgemäß durch ein andres ersetzt, und wenige Tage später dampfte die Nan-Shan ostwärts, ohne daß Mac Whirr sich zu irgend einer weiteren Bemerkung über ihre Ausrüstung oder zu einem einzigen Worte aufgeschwungen hätte, das Stolz auf sein Schiff, Dankbarkeit für seine Ernennung oder Befriedigung über seine Aussichten verraten hätte.

Von Natur weder geschwätzig, noch verschlossen, fand er nur wenig Veranlassung zu reden, außer in seinem Berufe. Hier mußte er natürlich Anweisungen geben. Befehle erteilen und dergleichen. Im übrigen aber? Mit der Vergangenheit war er fertig, die Zukunft war noch nicht da, und die gewöhnlichen Vorkommnisse des Tages bedurften keiner Besprechung – Tatsachen reden mit genügender Deutlichkeit für sich selbst.

Der alte Herr Sigg liebte einen Mann von wenig Worten und einen, der sich nicht erlaubt, über die ihm erteilten Weisungen hinauszugehen. Da Kapitän Mac Whirr diesen Anforderungen durchaus entsprach, so behielt er das Kommando der Nan-Shan und führte sie mit Sorgfalt durch die chinesischen Gewässer. Sie war ursprünglich als britisches Schiff eingetragen, aber nach einiger Zeit hielten es die Herren Sigg für gut, sie unter siamesischer Flagge segeln zu lassen. Als Obersteuermann Jukes von der beabsichtigten Veränderung hörte, schien er sich persönlich beleidigt zu fühlen. Er ging brummend umher und ließ von Zeit zu Zeit ein kurzes, höhnisches Lachen hören. „Nein, 's ist zum Tollwerden! Einen einfältigen Arche-Noah-Elefanten auf seiner Flagge zu haben!" klagte er einmal, unter der offenen Tür des Maschinenraumes stehend. „Hol mich der Teufel, wenn ich das aushalte! Ich werde kündigen. Wird's Ihnen nicht auch übel, Herr Rout?"

Der Oberingenieur schwieg und räusperte sich mit der Miene eines Mannes, der den Wert eines guten Kontraktes zu schätzen weiß.

Am ersten Morgen, an dem die neue Flagge über dem Stern der Nan-Shan wehte, stand Jukes auf der Brücke und betrachtete den Elefanten mit ingrimmigen Blicken. Nachdem er eine Zeitlang mit seinen Gefühlen gekämpft hatte, bemerkte er: „Sonderbare Flagge das, Herr Kapitän!"

„Was ist's mit der Flagge?" fragte Mac Whirr verwundert. „Scheint mir ganz in Ordnung zu sein." Damit ging er ans Ende der Brücke um besser sehen zu können.

„Nun, mir kommt sie sehr sonderbar vor," stieß Jukes in höchster Erregung heraus und stürzte davon.

Der Kapitän wußte nicht, wie er sich dieses Benehmen deuten sollte. Nach einer kleinen Weile begab er sich gemächlich ins Kartenhaus, holte sein „Internationales Flaggenbuch" hervor und schlug die Tafel auf, wo die Flaggen aller Nationen in bunten Reihen auf das Genaueste abgebildet waren. Er ließ seine Finger darüber gleiten, und als er zu Siam kam, betrachtete er mit großer Aufmerksamkeit das rote Feld und den weißen Elefanten darin. Nichts konnte einfacher sein; der Sicherheit halber trug er das Buch aber hinaus auf die Brücke, um die kolorierte Abbildung mit dem wirklichen Gegenstände auf der Flaggenstange vergleichen zu können. Als bald darauf Jukes, der an jenem Tage seinen Pflichten mit einer Art unterdrückter Wut nachging, in seine Nähe kam, bemerkte sein Gebieter: „Die Flagge ist in Ordnung."

„So?" murmelte Jukes, indem er sich vor einem Deckkasten auf die Kniee warf und eine Reservelotleine herausschleuderte.

„Jawohl. Ich habe im Buch nachgesehen. Zweimal so lang als breit und der Elefant gerade in der Mitte. Ich dachte mir schon, daß die Leute hier sich auf die Landesflagge verstehen müßten. Das war nicht anders zu erwarten. Sie haben sich geirrt, Jukes ..."

„Nun, Herr Kapitän," begann der junge Mann, sich rasch erhebend, „ich kann nur sagen –" Mit unsicheren, zitternden Händen suchte er nach dem Ende der Leine.

„Schon gut," beruhigte ihn der Kapitän, indem er sich schwer auf einen kleinen Feldstuhl fallen ließ, den er besonders gern hatte. „Sie müssen nur dafür sorgen, daß der Elefant nicht verkehrt aufgezogen wird, solange die Leute noch nicht daran gewöhnt sind."

Jukes warf die neue Lotleine aufs Vorderdeck hinüber und brüllte: „Hier, Bootsmann! Vergessen Sie nicht, sie ordentlich naß zu machen." Dann wandte er sich mit ungeheurer Entschlossenheit zu seinem Kapitän. Dieser aber hatte behaglich die Arme auf dem Brückengeländer ausgebreitet und fuhr in seiner nur unterbrochenen Rede fort: „Ich glaube nämlich, daß man das für ein Notsignal halten würde. Was meinen Sie? Der Elefant dort bedeutet, denke ich, dasselbe, was der Union-Jack auf der Flagge."

„So?" schrie Jukes so laut, daß alle Köpfe auf dem Verdeck der Nan-Shan sich nach der Brücke wandten. Dann seufzte er tief auf und bemerkte mit plötzlicher Ergebung in sanftem Ton: „Das würde freilich ein verdammt jämmerlicher Anblick sein."

Später am Tage wandte er sich an den Oberingenieur mit einem vertraulichen: „Soll ich Ihnen das neueste Stücklein des Alten erzählen?"

Herr Salomon Rout (häufig der lange Sal, der alte Sal oder auch Vater Rout genannt) war fast überall, wohin er kam, der größte Mann und hatte sich infolge davon die gebeugte Haltung gemütlicher Herablassung angewöhnt. Er hatte spärliches, sandfarbenes Haar, und die Farbe seiner flachen Wangen, wie auch seiner knochigen Handgelenke und seiner langen Gelehrtenhände war so blaß, als hätte er sein Leben lang im Schatten gewohnt.

Er lächelte von seiner Höhe auf Jukes herab, indem er ruhig weiterrauchte und seine Blicke bald da- bald dorthin schweifen ließ, wie etwa ein freundlicher Onkel der Erzählung eines aufgeregten Schuljungen zuhört. Dann fragte er, ohne sich im geringsten merken zu lassen, wie sehr ihn die Geschichte belustigte: „Und haben Sie ihm gekündigt?"

„Nein," schrie Jukes, und seine Stimme, die das Geräusch der Ladekrane übertönen mußte, klang angestrengt und erschöpft. Alles war in diesem Augenblick eifrig beschäftigt, Warenballen und -säcke mittels der Schinkelhaken aufzugreifen und auf das Ende langer Kranenarme zu heben, wie es schien, nur, um sie nachher achtlos wieder hinunterfallen zu lassen. Die Lastketten knirschten in den Hebeböcken, klirrten auf den Scheerstocken und rasselten über die Schiffswand; das ganze Schiff bebte und seine langen grauen Flanken waren von Dampfringeln umwoben. „Nein", schrie Jukes, „ich habe nicht gekündigt. Wozu auch? Ebenso gut könnte ich meine Kündigung dem Schott da an den Kopf werfen. Ich glaube nicht, daß man einem solchen Manne überhaupt etwas begreiflich machen kann. Da hört einfach alles auf."

In diesem Augenblicke schritt Kapitän Mac Whirr, mit dem Regenschirm in der Hand vom Lande kommend, übers Verdeck, und hinter ihm drein ein düster blickender, würdevoller Chinese in seidenen, mit Papier besohlten Schuhen, ebenfalls einen Regenschirm in der Hand. In nur eben vernehmlichem Tone, den Blick auf seine Stiefel gerichtet, wie es seine Art war, erklärte der Gebieter der Nan-Shan, daß man diesmal in Futschou anlegen müsse, und ersuchte Herrn Rout, bis morgen nachmittag Punkt ein Uhr für Dampf zu sorgen. Er schob seinen Hut zurück, um sich den Schweiß von der Stirne zu trocknen, und brummte, es sei ihm nichts so verhaßt, als an Land gehen zu müssen, während der ihn überragende Herr Rout, ohne ihn eines Wortes zu würdigen, in erhabener Ruhe weiter rauchte und seinen rechten

Ellbogen mit der linken Handfläche streichelte. Hierauf wurde Jukes in demselben gedämpften Tone angewiesen, das vordere Zwischendeck von jeder Ladung freizuhalten. Zweihundert Kulis sollten dort unten untergebracht werden. Die Gesellschaft Bun Hin schicke sie nach Hause. Fünfundzwanzig Säcke Reis würden sogleich an Bord gebracht werden, damit man Vorrat habe. Jeder von den Leuten führe eine Kampferholzkiste mit sich, und der Zimmermann müsse angewiesen werden, drei Zoll breite Latten an der ganzen Länge des Zwischendecks entlang anzubringen, damit diese Kisten nicht hinausfallen könnten. Es werde gut sein, wenn Jukes sogleich Vorsorge dafür treffe. „Hören Sie, Jukes?" Der Chinese hier solle als eine Art Dolmetscher das Schiff bis Futschou begleiten; er sei Bun Hins Sekretär und solle sich den Raum einmal ansehen. Jukes möge ihn führen. „Hören Sie, Jukes?"

Jukes versäumte nicht, diese Weisungen an geeigneter Stelle mit dem pflichtschuldigen: „Ja, Herr Kapitän," zu interpunktieren, allein es klang matt und gleichgültig. Sein barsches: „Komm mit, John," veranlaßte den Chinesen, ihm auf den Fersen zu folgen.

„Ein feiner Schlafsaal, was?" bemerkte Jukes, auf die offene Luke des Zwischendecks zeigend. Sein Ton war nicht eben zuvorkommend – dazu war er sich der Überlegenheit der eigenen Rasse zu sehr bewußt –, doch auch nicht unfreundlich. Der Chinese aber blickte traurig und sprachlos in die Finsternis des Zwischendecks hinab, als stände er am Rande eines offenen Grabes.

„Da unten kommt kein Regen hinein," erklärte Jukes. „Und bei schönem Wetter kann jedes Kulimännchen auf Deck heraufkommen und so machen," fuhr er, sichtlich wärmer werdend, fort, „Puuuh!" Dabei dehnte er seine Brust aus und blies die Backen auf. „Nicht wahr, John? Frische Luft schöpfen! Gut. Da oben können sie auch ihren Reis essen und ihre Höslein waschen. Verstehst du, John?"

Dazu machte er mit Mund und Händen die entsprechenden Bewegungen, und der Chinese, der sein Mißtrauen unter der Miene vornehmer Resignation verbarg, blickte aus seinen mandelförmigen Augen von Jukes auf die Luke und von der Luke wieder auf ihn zurück. „Sehr gut," murmelte er in leisem, trostlosem Tone und glitt behende über das Verdeck, geschickt allen Hindernissen ausweichend, bis er schließlich hinter einem Haufen schmutziger Säcke verschwand, die, voll von irgend einer wertvollen Ware, einen widerlichen Geruch ausströmten.

Kapitän Mac Whirr hatte sich inzwischen ins Kartenhaus begeben, wo ein zwei Tage vorher angefangener Brief der Beendigung harrte. Diese langen Briefe begannen regelmäßig mit den Worten: „Geliebtes Weib!" und der Steward, der den Fußboden zu scheuern und die Chronometerkästen abzustauben hatte, benützte eifrig jede Gelegenheit, sie zu lesen. Sie hatten für ihn entschieden mehr Interesse, als sie möglicherweise für die Frau haben mochten, für deren Augen sie bestimmt waren, und zwar deshalb, weil sie über jede glückliche Fahrt der Nan-Shan bis ins kleinste Bericht erstatteten. Ihr Führer, der sich an Tatsachen hielt – denn nur diese spiegelte sein Bewußtsein wider – beschrieb mit diesen Berichten viele Seiten auf das sorgfältigste. Das Haus einer nördlichen Vorstadt Londons, zu dem sie ihren Weg nahmen, hatte einen kleinen Garten vor seinen Erkerfenstern, eine hübsche, ansehnliche Vorhalle und bunt bemaltes Glas in imitierter Bleifassung an der Vordertüre. Der Kapitän bezahlte jährlich fünfundvierzig Pfund Sterling dafür und hielt die Miete nicht für zu hoch, weil Frau Mac Whirr, eine anspruchsvolle Persönlichkeit mit hagerem Halse, allgemein für eine Dame galt und in der Nachbarschaft als „ganz fein" bezeichnet wurde. Das einzige Geheimnis in ihrem Leben war das Grauen, das sie im Gedanken an die Zeit empfand, wo ihr Mann für immer heimkehren würde. Unter demselben Dache wohnte auch eine Tochter, mit Namen Lydia, und ein Sohn, Tom. Diese beiden kannten ihren Vater nur sehr wenig. Er war in ihren Augen mehr wie ein seltener, aber bevorzugter Gast, der des Abends seine Pfeife im Eßzimmer rauchte und im Hause über Nacht blieb. Das schmächtige Mädchen schämte sich seiner fast ein wenig; dem Knaben aber war er gleichgültig, und in der köstlich unbefangenen, geraden Art, die Knaben von männlichem Sinne eigen ist, machte er daraus kein Hehl.

Zwölfmal im Jahre schrieb Kapitän Mac Whirr von der chinesischen Küste nach Hause, und jedesmal bat er, die Kinder von ihm zu grüßen, und unterschrieb sich: „Dein Dich liebender Gatte", so gleichmütig, als wären die von so vielen Männern so lange schon gebrauchten Worte abgenützte Dinge ohne viel Wert und Bedeutung.

Die chinesischen Meere sind im Norden wie im Süden ziemlich eng. Sie sind voll von Inseln, Sandbänken, Riffen, von raschen und veränderlichen Strömungen. Es sind das dort alltägliche, trotzdem aber oft recht verwickelte Dinge, die ihre eigene beredte Sprache zu dem Seemann reden. Diese Sprache hatte auf Kapitän Mac Whirrs Sinn für Tatsachen einen so mächtigen Eindruck gemacht, daß er seine Kajüte unten aufgegeben hatte und all seine Tage auf der Brücke seines Schiffes zubrachte. Manchmal ließ er sich sogar seine Mahlzeiten heraufbringen und schlief nachts im Kartenhause. Dort schrieb er auch seine Briefe nach Hause, deren jeder ohne Ausnahme den Satz enthielt: „Das Wetter ist auf dieser Fahrt sehr schön gewesen," oder eine andere ähnlich lautende Bemerkung.

Herr Rout schrieb auch Briefe; aber niemand an Bord ahnte, wie geschwätzig er mit der Feder in der Hand sein konnte, weil der Oberingenieur Einbildungskraft genug besaß, um sein Pult verschlossen zu halten. Seine Frau war entzückt von seiner Schreibweise.

Die beiden hatten keine Kinder, und Frau Rout, eine stattliche, muntere Vierzigerin, bewohnte mit Herrn Routs ehrwürdiger, alter Mutter ein kleines Haus in der Nähe von Teddington. Mit lebhaften Augen überflog sie ihre Briefe, während sie der alten Dame am Frühstückstisch gegenüber saß, und mit fröhlicher Stimme schrie sie der Halbtauben die besonders interessanten Stellen daraus zu, ihre Aufmerksamkeit jedesmal durch ein vorausgeschicktes schallendes: „Salomon sagt" wachrufend. Sie machte sich gerne den Spaß, Salomons Aussprüche auch Fremden gegenüber anzuführen, die sich dann höchlich über das unbekannte Schriftwort verwunderten und über die komische Lösung des Rätsels sehr belustigt waren. Als der neue Hilfsgeistliche zum ersten Male in ihrem Hause vorsprach, nahm sie Gelegenheit, zu bemerken: „Wie Salomon sagt: ›Die Ingenieure, die auf Schiffen fahren, lernen die Wunder der Seemannsnatur kennen.‹" Eine plötzliche Veränderung auf dem Gesichte ihres Besuches ließ sie verwundert innehalten.

„Salomon? – Oh! – Frau Rout – –" stotterte der junge Mann, ganz rot im Gesicht, „ich muß sagen – – ich weiß nicht – –"

„Es ist ja mein Mann," brach sie lachend aus, warf sich dann in ihren Stuhl zurück und fuhr, das Taschentuch an die Augen gedrückt, fort, unbändig zu lachen, während der Geistliche mit einem gezwungenen Lächeln dasaß. Er hatte in Bezug auf joviale Frauen keine Erfahrung und war deshalb fest überzeugt, daß er es mit einer vollständig Irrsinnigen zu tun habe. Sie wurden indes später die besten Freunde. Er lernte verstehen, daß ihr jede unehrerbietige Absicht fern gelegen hatte, und fand in ihr eine durchaus achtungswerte Persönlichkeit; ja er vermochte nach und nach andre Bruchstücke Salomonischer Weisheit hinzunehmen, ohne mit der Wimper zu zucken.

„Mir für meinen Teil," hatte Salomon nach der Erzählung seiner Frau einmal gesagt, „ist der stumpfsinnigste Esel als Kapitän lieber als ein Spitzbube. Einen Narren weiß man zu nehmen; ein Spitzbube aber ist hinterlistig und aalglatt." Es war dies die geniale Verallgemeinerung eines besonderen Falles. Kapitän Mac Whirrs Ehrenhaftigkeit hatte die derbe Sinnenfälligkeit eines Erdklumpens.

Steuermann Jukes dagegen, nicht imstande zu verallgemeinern, auch nicht verheiratet und nicht verlobt, hatte sich gewöhnt, sein Herz in andrer Weise einem alten Kameraden und ehemaligen Schiffsgenossen auszuschütten, der gegenwärtig als zweiter Offizier an Bord eines atlantischen Paketschiffes diente.

Im Eingange seines Schreibens pries er gewöhnlich die Vorzüge der östlichen Schiffahrt, die er dem Dienste auf dem westlichen Ozean entschieden vorzog. Er rühmte den Himmel, die Gewässer, die Schiffe und das angenehme Leben des fernen Ostens. Von der Nan-Shan behauptete er, sie stehe an Seetüchtigkeit keinem Schiffe nach.

„Wir haben keine goldbortierten Uniformen; dafür sind wir aber hier untereinander wie Brüder," schrieb er: „Wir essen alle zusammen und leben wie Kampfhähne. Unsere schwarzen Kerle sind durchweg so anständig, wie man sie gewöhnlich macht, und der alte Sal, ihr Chef, ist ein trockener Kunde. Wir sind sehr gute Freunde. Was unsern Alten betrifft, so kann man sich gar keinen nachsichtigeren Kapitän denken. Manchmal scheint es, als sei er zu dumm, um einen Fehler, den man macht, zu entdecken. Aber das ist es nicht, kann's nicht sein. Er ist jetzt schon viele Jahre Kapitän und macht nichts eigentlich Dummes, sondern führt sein Schiff, wie es sich gehört, ohne seine Leute zu plagen. Ich glaube, er ist nicht gescheit genug, um Geschmack daran zu finden, eine Szene zu machen. Ich mache mir dies jedoch nicht zu nutz – nie – das wäre gemein. Von beruflichen Dingen abgesehen, scheint er nicht die Hälfte von dem zu verstehen, was man ihm sagt. Wir haben dadurch manchen Spaß; aber auf die Dauer ist's doch auch langweilig, mit einem solchen Menschen zusammen zu sein. Der alte Sal sagt, er könne nicht viel Konversation machen. Konversation! O Himmel! Er spricht ja überhaupt nicht. Neulich unterhielt ich mich eine kleine Weile unter der Brücke mit einem der Ingenieure, und er scheint uns gehört zu haben. Wie ich hinauf komme, um meine Wache anzutreten, tritt er aus dem Kartenhause, sieht sich sorgfältig ringsum, lugt nach den Seitenfenstern hinüber, wirft einen Blick auf den Kompaß und blinzelt nach den Sternen hinauf. So macht er's regelmäßig. Endlich sagt er: ›Haben Sie eben unter der Brücke geplaudert?‹ – ›Ja, Herr Kapitän.‹ – ›Mit dem dritten Ingenieur?‹ – ›Ja, Herr Kapitän.‹ Er geht nach Steuerbord, setzt sich auf seinen kleinen Feldstuhl und gibt eine halbe Stunde lang keinen Laut von sich, außer daß er einmal niest. Endlich höre ich ihn aufstehen und auf mich zukommen. ›Ich kann mir nicht denken, was Sie zu reden haben können,‹ fängt er an. ›Zwei geschlagene Stunden! Ich mache Ihnen keinen Vorwurf; ich sehe ja, wie's die Leute am Lande den ganzen Tag lang tun; und am Abend setzen sie sich hin und reden beim Trinken weiter. Sie müssen wohl immer und immerzu dasselbe sagen. Ich begreif's einfach nicht.‹

„Hast Du schon so etwas gehört? Und dabei war er so sanft; er tat mir ganz leid. Aber manchmal kann man sich auch über ihn ärgern. Natürlich möchte man nichts tun, um ihn zu betrüben, selbst wenn es sich der Mühe lohnte. Aber es lohnt sich nicht. Er ist von einer solch köstlichen Harmlosigkeit, daß, wenn man ihm eine lange Nase machte, es ihn höchstens wundernehmen würde, was einen doch angekommen sei. Einmal erklärte er mir geradezu, es falle ihm schwer, zu begreifen, warum die Leute sich immer so sonderbar benähmen. Er ist zu dickfellig, als daß man sich mit ihm abgeben möchte; das ist die Wahrheit.“

So schrieb Steuermann Jukes aus der Fülle seines Herzens und dem Reichtum seiner Phantasie an seinen Kameraden auf dem Atlantischen Ozean.

Er hatte seine aufrichtige Meinung ausgesprochen. Es lohnte sich wirklich nicht, daß man auf einen solchen Mann Eindruck zu machen suchte. Wäre die Welt voll von solchen Menschen gewesen, so hätte Jukes das Leben wahrscheinlich für eine langweilige, fade Einrichtung gehalten. Er stand übrigens nicht allein mit seiner Ansicht. Das Meer selbst, als teilte es Jukes' gutmütige Schonung, hatte sich nie aufgemacht, den stillen Mann zu erschrecken, der selten aufblickte und harmlos über die Wasser dahinfuhr mit dem einzigen erkennbaren Zweck, drei Leuten am Lande Nahrung, Kleidung und Wohnung zu verschaffen. Schlechtes Wetter hatte er ja natürlich schon kennen gelernt. Er war durchnäßt worden, hatte sich unbehaglich und müde gefühlt und hatte es alsbald wieder vergessen, so daß er im ganzen recht hatte, wenn er regelmäßig von gutem Wetter nach Hause berichtete. Nie aber war in ihm die Ahnung geweckt worden von einer unendlichen Gewalt, einem maßlosen Grimme – einer Wut, die sich nie besänftigt, sondern nur erschöpft –, die Ahnung von dem Zürnen und Toben des leidenschaftlichen Meeres. Er wußte, daß es so etwas gab, wie wir von dem Vorkommen von Verbrechen und Greueln wissen; er hatte davon gehört, wie der friedliche Bürger einer Stadt von Schlachten, Hungersnöten und Überschwemmungen hört, ohne doch zu wissen, was diese Dinge bedeuten – mag er immerhin einmal in einen Straßenauflauf verwickelt gewesen oder eines Tages um sein Mittagessen gekommen oder von einem Platzregen bis auf die Haut durchnäßt worden sein. Kapitän Mac Whirr war auf der Oberfläche der Meere dahingefahren, wie manche Menschen über die Jahre ihres Lebens dahingleiten, um endlich sanft in ein stilles Grab zu sinken, ohne bis zuletzt das Leben kennen gelernt, ohne sich se seinen ernsten Wirklichkeiten gegenübergesehen zu haben. Es gibt zu Wasser und zu Lande solche glückliche – oder sollen wir sagen, vom Geschick oder der See zurückgesetzte Menschen.

Zweites Kapitel

Kapitän Mac Whirr beobachtete das stetige Fallen des Barometers und dachte: „Das bedeutet schlechtes Wetter." Das war genau, was er dachte. Er hatte schon mit mäßig schlechtem Wetter Bekanntschaft gemacht, das heißt mit solchem, das dem Seemann nur mäßiges Unbehagen verursacht. Wäre ihm von einer unbestreitbaren Autorität verkündigt worden, daß das Ende der Welt durch eine atmosphärische Katastrophe herbeigeführt werden würde, so würde diese Mitteilung bei ihm einfach die Vorstellung von schlechtem Wetter, wie er es aus seiner Erfahrung kannte, und von nichts andrem erweckt haben, denn eine Sündflut hatte er noch nicht erlebt, und der Glaube schließt nicht notwendig das Verständnis ein. Die Weisheit seines Landes hatte durch einen Parlamentsbeschluß festgesetzt, daß er, um zur Führung eines Schiffes tauglich erachtet zu werden, einige einfache Fragen über Zirkularstürme, wie Orkane, Cyklone und Taifune, zu beantworten imstande sein müsse, und er hatte sie jedenfalls beantwortet, da ihm das Kommando der „Nan-Shan" zur Zeit der Taifune in den chinesischen Meeren übertragen war. Wenn er sie aber auch beantwortet hatte, so war ihm doch nichts davon im Gedächtnis geblieben. Indessen fühlte er sich höchst unbehaglich infolge der drückenden Hitze. Er ging auf die Kommandobrücke hinaus, fand aber auch hier nicht die gewünschte Erquickung. Die Luft schien zum Schneiden dick. Er schnappte wie ein Fisch und begann sich entschieden unwohl zu fühlen.

Die „Nan-Shan" pflügte eine rasch verschwindende Furche in die See, deren schimmernde Fläche einem ungeheuren, wellenförmig gehobenen Stück grauer Seide glich. Die bleiche, strahlenlose Sonne verbreitete glühende Hitze und ein eigentümlich unbestimmtes Licht. Die Chinesen lagen erschöpft auf den Decks herum. Mit ihren schmalen, blutlosen, gelben Gesichtern sahen sie aus wie Leberleidende. Zwei von ihnen fielen dem Kapitän besonders auf; sie lagen unterhalb der Brücke ausgestreckt auf dem Rücken, und sobald sie die Augen schlossen, konnte man sie für tot halten. Etwas weiter nach vorn zankten sich drei andre aufs heftigste; ein großer, halbnackter Bursche mit herkulischen Schultern hing wie gelähmt über einer Winde; wieder ein andrer saß mit hinaufgezogenen Knieen da, ließ den Kopf seitwärts hängen wie ein müdes Weib und flocht seinen Zopf mit dem Ausdruck unendlicher Mattigkeit, die sich in jeder Linie seines Körpers und in jeder Bewegung seiner Finger kundgab. Mit Mühe arbeitete sich der Rauch aus dem Schornstein, und anstatt sich zu verziehen, hing er wie eine unheilschwangere Wolke über dem Schiffe, einen schwefeligen Dunst verbreitend und einen Regen von Ruß herabsendend.

„Was zum Teufel machen Sie da, Jukes?" fragte Kapitän Mac Whirr.

Diese ungewöhnliche Form der Anrede – wenn auch mehr gemurmelt als gesprochen – ließ den ersten Steuermann auffahren, als wenn ihm jemand einen Stoß unter die fünfte Rippe versetzt hätte. Er hatte sich eine niedrige Bank auf die Brücke bringen lassen und saß dort, das Ende eines Strickes um die Füße gewunden, ein Stück Segeltuch auf den Knieen ausgebreitet, in der Hand eine Segelnadel, die er eifrig handhabte. Mit dem Ausdruck der Unschuld und Aufrichtigkeit eines Kindes, blickte er überrascht zu seinem Kapitän auf.

„Ich wollte nur Stricke an einige von den Säcken nähen, die wir auf der letzten Fahrt zum Kohlenaufwinden gemacht haben," erwiderte er gelassen.

„Wo sind denn die alten hingekommen?"

„Sie sind zerrissen, Herr Kapitän; nicht mehr zu gebrauchen."

Kapitän Mac Whirr starrte seinen ersten Steuermann eine Weile unentschlossen an und gab sodann der düsteren Überzeugung Ausdruck, daß gewiß mehr als die Hälfte der alten Säcke über Bord gefallen sei, „wenn man nur die Wahrheit wüßte", worauf er sich ans andre Ende der Brücke zurückzog. Der durch solch ungerechtfertigten Vorwurf gereizte Jukes zerbrach beim zweiten Stich die Nadel, ließ seine Arbeit fallen und erhob sich, heftig, wenn auch in unterdrücktem Tone über die Hitze fluchend.

Die Schraube schlug. Die drei Chinesen auf dem Vorderdeck hatten mit einem Male zu streiten aufgehört und der, welcher vorhin seinen Zopf geflochten, hatte die Arme um seine Beine geschlungen und starrte mit niedergeschlagener Miene über seine Kniee weg. Das fahle Sonnenlicht warf schwache, bleiche Schatten. Die See ging mit jedem Augenblick höher und ungestümer und das Schiff schlingerte stark.

„Möchte nur wissen, wo diese scheußliche Dünung herkommt."

„Von Nordosten," knurrte der Mann des Buchstabens, Mac Whirr, von der entgegengesetzten Seite der Brücke herüber. „Es liegt schlechtes Wetter in der Luft. Gehen Sie einmal hinein und sehen sich das Wetterglas an."

Als Jukes aus dem Kartenhause zurückkam, war der Ausdruck seines Gesichtes sehr nachdenklich, ja sorgenvoll. Er griff nach dem Brückengeländer und sah starr nach vorn.

Die Temperatur im Maschinenraume war auf 117 Grad gestiegen. Aus dem Oberlicht und durch die Luke des Heizraumes drang der Ton wilder, erregter Stimmen herauf, gemischt mit dem Dröhnen und Klirren von Metall, wie wenn Männer mit eisernen Gliedern und ehernen Kehlen da unten in Streit geraten wären. Der zweite Ingenieur schalt die Heizer, weil sie das Feuer nicht lebhaft genug unterhalten hatten. Er war ein Mann wie ein Grobschmied und allgemein gefürchtet; heute aber hielten ihm seine Untergebenen rücksichtslosen Widerpart. Mit der Wut der Verzweiflung schlugen sie vor seinen Augen die Ofentüren zu. Plötzlich verstummte der Lärm unten, und dem Heizraume entstieg der zweite Ingenieur, mit Ruß bedeckt und triefend naß wie ein aus dem Wasser gezogener Schornsteinfeger. Sobald sein Kopf über den Rand der Luke hervorsah, fing er an, Jukes zu schelten, daß er die Ventilatoren des Heizraumes nicht in Ordnung halte, worauf Jukes auf der Brücke mit den Händen besänftigende, erklärende Gebärden machte, die ihm bedeuten sollten, es sei kein Wind da und deshalb nichts zu machen; er solle nur selbst Nachsehen. Aber der andre wollte keine Vernunft annehmen. Wütend blitzten die Zähne in seinem geschwärzten Gesichte. Es komme ihm bei seiner Seele nicht darauf an, schrie er, denen da unten die Köpfe zusammenzustoßen, er wolle aber nur fragen, ob denn die verdammten Matrosen glaubten, er könne einfach dadurch Dampf in dem gottverlassenen Kessel erhalten, daß er die elenden Heizer herumstoße. Nein, beim heiligen Georg! Man brauche dazu auch einigen Luftzug! Verflucht sollten die Matrosen sein, wenn sie ihn nicht schaffen könnten! Und dazu sein Chef, der seit heute mittag wie besessen vor den Dampfmessern hin und her laufe und sich wie ein Verrückter gebärde! Wozu denn Jukes meine, daß man ihn da hinaufgestellt habe, wenn er nicht einmal einen seiner heruntergekommenen, nichtsnutzigen Deckkrüppel dazu bringen könne, die Ventilatoren gegen den Wind zu drehen.

Die Beziehungen zwischen dem „Maschinenraum" und dem „Deck" der „Nan-Shan" waren, wie bekannt, brüderlicher Natur; deshalb beugte sich Jukes herunter und ersuchte den andern, sich nicht wie ein dummer Esel zu benehmen; der Kapitän befinde sich auf der andern Seite der Brücke. Der zweite Ingenieur hinwiederum erklärte in respektwidrigem Tone, er kümmere sich keinen Pfifferling darum, wer auf der andern Seite der Brücke sei, worauf Jukes, wie der Blitz von vornehmer Mißbilligung zu leidenschaftlicher Erregung übergehend, ihn in wenig schmeichelhaften Ausdrücken ersuchte, heraufzukommen und so viel Wind zu fangen, als ein Esel wie er finden könne. Der Ingenieur stieg vollends hinauf und stürzte sich auf den Backbordventilator, als wolle er ihn auf der Stelle ausreißen und über Bord werfen. Allein mit Aufbietung aller Kraft vermochte er die Kappe nur eben einige Zoll weit herumzudrehen, und schien von dieser Anstrengung völlig erschöpft. Er lehnte sich mit dem Rücken an das Steuerhaus. Jukes ging zu ihm hin. „Großer Gott!" rief der Ingenieur mit tonloser Stimme, hob die Augen erst zum Himmel auf und ließ dann seinen gläsernen Blick zum Horizont herabgleiten, der, bis zu einem Winkel von 40 Grad in die Höhe kippend, eine Weile in schräger Richtung zu hängen schien und dann langsam wieder herunter kam. „Himmel! Puh! Was ist das?"

Jukes spreizte seine langen Beine wie die zwei Enden eines Zirkels und nahm eine überlegene Miene an. „Diesmal kriegen wir's tüchtig," sagte er. „Das Barometer fällt immerzu. Und dabei fangen Sie solch einen Skandal an, Harry."

Das Wort „Barometer" schien den Zorn des Ingenieurs aufs neue zu entflammen. Wer sich denn um sein verfluchtes Barometer kümmere? Der Dampf sei die Hauptsache, und er könne ihn nicht mehr aufbringen; er führe ein Leben, schlimmer als der elendeste Hund, bei den in Ohnmacht fallenden Heizern drunten und dem verrückt gewordenen Chef dazu; seinetwegen könne die ganze Geschichte zum Teufel gehen, so bald sie wolle. Er schien im nächsten Augenblick in Tränen ausbrechen zu wollen. Plötzlich aber raffte er sich zusammen, murmelte dumpf: „Ich will sie in Ohnmacht fallen lehren", und stürzte davon. Ehe er jedoch in der Luke verschwand, hielt er an und ballte die Faust gegen das unnatürliche Tageslicht, worauf er mit lautem Ho! Ho! in der dunklen Tiefe versank.

Als Jukes sich umwandte, fiel sein Blick auf den runden Rücken und die großen roten Ohren des Kapitäns, der zu ihm herüber gekommen war. Ohne seinen ersten Steuermann anzusehen, sagte er: „Das ist ein jähzorniger Mensch, dieser zweite Ingenieur."

„Aber sonst ein ganz tüchtiger Kerl," knurrte Jukes. „Sie können nicht genug Dampf aufbringen," fügte er rasch hinzu, und griff hastig nach der Reling, um sich gegen den Anprall einer heranrollenden See aufrecht zu halten. Der Kapitän, der nicht vorbereitet war, taumelte zur Seite, vermochte sich aber durch einen energischen Ruck mit Hilfe einer Sonnendeckstütze wieder aufzurichten.

„Ein gottloser Mensch," begann er aufs neue. „Wenn er so fortmacht, werde ich mich bei nächster Gelegenheit seiner entledigen müssen."

„Es ist die Hitze," sagte Jukes. „Das Wetter ist gräßlich; es könnte einen Heiligen zum Fluchen bringen. Sogar hier oben ist es mir, als ob mein Kopf mit einer wollenen Bettdecke umwickelt wäre."

Kapitän Mac Whirr blickte auf. „Wollen Sie sagen, Herr Jukes, daß Sie schon einmal den Kopf mit einer wollenen Bettdecke umwickelt gehabt haben? Wozu geschah das?"

„Das ist nur so eine Redensart," antwortete Jukes betreten.

„Sonderbare Redensarten das! Was soll das heißen: Heilige, die fluchen! Ich wollte wirklich. Sie redeten nicht so toll daher. Was für eine Art von Heiliger wäre das, der fluchen würde? So wenig ein Heiliger wie Sie, sollte ich meinen. Und was eine wollene Bettdecke damit zu tun hat – oder auch die Hitze ... Mich bringt die Hitze nicht zum Fluchen – oder? Es ist die böse Laune, der Zorn. Das ist's. Und was soll es nützen, daß Sie so daherreden?"

Auf solche Weise ereiferte sich Kapitän Mac Whirr gegen den Gebrauch bildlicher Redeweise und schloß dann mit den ingrimmig herausgestoßenen Worten: „Verdammt! Ich werde ihn aus dem Schiff hinausfeuern, wenn er nicht auf seiner Hut ist."

Und der unverbesserliche Jukes dachte: „Du meine Güte! Es muß ihm jemand eine neue Innenseite eingesetzt haben. Ich kenne ihn nicht wieder, 's ist natürlich das Wetter; was denn sonst? Es könnte einen Engel zänkisch machen, geschweige einen Heiligen."

Alle Chinesen auf Deck schienen in den letzten Zügen zu liegen.

Der Durchmesser der untergehenden Sonne war kleiner als sonst, und ihre Glut zeigte ein strahlenloses, erlöschendes Braun,

27

als ob seit dem Morgen Millionen von Jahrhunderten vergangen wären und sie ihrem Ende nahe gebracht hätten. Im Norden wurde eine dicke Wolkenschicht von düsterer, olivengrüner Farbe sichtbar, die regungslos tief am Horizont über dem Meere lag und dem Schiff den Weg zu versperren schien. Mühsam, ruckweise arbeitete es sich darauf zu, wie ein zu Tode gehetztes Geschöpf. Das kupferfarbene Zwielicht verschwand allmählich und die Dunkelheit brachte einen Schwarm großer, unsteter Sterne zum Vorschein. Sie flackerten unruhig hin und her, als ob sie angeblasen würden, und schienen der Erde viel näher zu sein als sonst.

Um acht Uhr begab sich Jukes nach dem Kartenhaus, um den nach jeder Wache üblichen Eintrag ins Loggbuch zu machen. Er schrieb die Zahl der zurückgelegten Meilen, den Lauf des Schiffes sorgfältig aus dem Konzeptbuch ab; über die mit „Wind" bezeichnete Spalte kritzelte er von oben bis unten das Wort „still" für die acht Stunden seit dem Mittag. Das fortwährende gleichmäßige Schlingern des Schiffes reizte ihn förmlich. Das schwere Tintenfaß glitt immer aufs neue wieder von ihm weg, so daß man hätte glauben können, es sei von einem bösen Geiste des Widerspruchs besessen, der es mit Absicht der Feder ausweichen ließ. Nachdem er in den für „Bemerkungen" freigelassenen weiten Raum „Hitze sehr drückend" geschrieben hatte, steckte er den Federhalter wie eine Pfeife in den Mund und wischte sein Gesicht sorgfältig ab.

„Schiff schlingert stark – hoher Seegang," fing er wieder an zu schreiben, und bemerkte für sich: „Stark ist eigentlich nicht das rechte Wort." Dann schrieb er: „Sonnenuntergang drohend, mit einer tiefstehenden Wolkenbank im Norden und Osten. Himmel oben hell."

Den Federhalter im Munde, die Arme fest auf die Tischplatte gestemmt, blickte er durch die offene Tür und sah in dem Rahmen ihrer Teakholzpfosten alle Sterne am nächtlich dunklen Himmel in die Höhe fliegen. Das ganze Heer ergriff die Flucht und verschwand; was zurück blieb, war eine schwarze, von weißen Flecken unterbrochene Fläche, denn das Meer war so schwarz wie der Himmel und weithin mit Schaum gesprenkelt. Die Sterne, die mit der Hebung der See geflohen waren, kamen mit dem Rückschwung des Schiffes zurück und fielen herunter, nicht wie feurige Punkte, sondern zu kleinen Scheiben vergrößert, die in hellem, feuchten Schimmer funkelten.

Einen Augenblick beobachtete Jukes die fliegenden Sterne, dann schrieb er: „Acht Uhr abends. Die See geht immer höher. Schiff arbeitet schwer. Sturzseen. Kulis für die Nacht eingeschlossen. Barometer fällt immer noch." Er hielt inne und dachte: „Wer weiß, ob schließlich etwas Besonderes daraus wird." Dann schloß er seine Einträge, indem er mit fester Hand schrieb: „Alle Anzeichen eines bevorstehenden Taifuns."

Als er das Kartenhaus verließ, mußte er auf die Seite treten, um Kapitän Mac Whirr vorbeizulassen, der die Schwelle überschritt, ohne ein Wort zu sagen oder ein Zeichen zu machen.

„Schließen Sie die Tür, Herr Jukes!" rief er von innen.

Jukes wandte sich zurück und gehorchte, spöttisch murmelnd: „Er fürchtet wahrscheinlich, sich zu erkälten." Er hatte die Wache unten, aber er dürstete nach Aussprache mit seinesgleichen. In munterem Tone bemerkte er zum zweiten Steuermann: „Na, schließlich sieht's doch nicht gar so schlimm aus – was?"

Der zweite Steuermann ging auf der Brücke aus und ab, trippelte den einen Augenblick mit kleinen Schritten hinunter und kletterte im nächsten mit Mühe das abschüssige Deck wieder hinauf. Als er Jukes' Stimme hörte, blieb er stehen und sah ihn an, erwiderte aber kein Wort. „Hallo, das ist eine schwere!" rief Jukes und bückte sich, um der Bewegung des Schiffes zu begegnen, bis seine herabhängende Hand die Planken berührte. Diesmal ließ der zweite Steuermann ein unfreundliches Grunzen vernehmen. Er war ein ältliches, kümmerlich aussehendes Männlein mit schlechten Zähnen und bartlosem Gesicht. Man hatte ihn in der Eile in Schanghai angemustert, damals, als der zweite Steuermann, den man von Hause mitgebracht, dem Schiffe einen dreistündigen Aufenthalt verursacht hatte, indem er es fertig brachte (Kapitän Mac Whirr konnte nie verstehen, wie), über Bord in ein leeres Kohlenschiff zu fallen, so daß man ihn wegen einer Gehirnerschütterung und eines oder zwei gebrochener Glieder ans Land und ins Spital hatte schicken müssen. Jukes ließ sich durch das abweisende Grunzen nicht entmutigen. „Bei den Chinesen da unten mag's lustig zugehen," fing er wieder an. „'s ist nur ein Glück für sie, daß das alte Mädchen den leichtesten Gang von allen Schiffen hat, die ich kenne. Da! – Die war schon nicht mehr so schlimm!"

„Warten Sie nur!" knurrte der zweite Steuermann.

Mit seiner scharfen, an der Spitze geröteten Nase und seinen dünnen, zusammengekniffenen Lippen sah er immer aus, als ob er innerlich wütend sei, und in seiner Rede war er kurz bis zur Unhöflichkeit. Alle seine dienstfreie Zeit verbrachte er in seiner

Koje, wo er sich hinter der geschlossenen Tür so still verhielt, daß man vermutete, er schlafe ein, so bald er darin verschwunden; allein der Mann, der hineinging, um ihn zu seiner Wache auf Deck zu holen, fand ihn ein wie das andre Mal mit weit offenen Augen auf seiner Schlafbank flach auf dem Rücken liegend und mit mürrischem Ausdruck von seinem schmutzigen Kopfkissen in die Höhe starrend. Er schrieb nie einen Brief und schien nie auf Nachricht von irgend woher zu warten; ein einziges Mal hatte man ihn West-Hartlepool erwähnen hören, wo er nach seiner Meinung durch die ungeheuerlichen Rechnungen eines Logierhauses übers Ohr gehauen worden war. Er war einer von denen, die man aus Not da oder dort in einem Hafen aufliest. Sie haben gerade genügende Kenntnisse, sind völlig mittellos und machen, ohne Anzeichen irgend eines besonderen Lasters an sich zu haben, den Eindruck bankrotter Existenzen. Sie kommen im Augenblick der Not an Bord, haben keine Anhänglichkeit an irgend ein Schiff, leben in ihrer eigenen Atmosphäre unter ihren Schiffsgenossen, denen sie fremd bleiben, und lieben es, zu unpassender Zeit wieder davonzugehen. In irgend einem gottverlassenen Hafen, wo andre sich fürchten würden, ausgesetzt zu werden, verlassen sie das Schiff, ohne erst Abschied zu nehmen, und gehen an Land in Gesellschaft einer schäbigen, wie ein Schatzkasten verschnürten Seekiste, und mit einer Miene, als schüttelten sie den Staub des Schiffes von ihren Füßen.

„Warten Sie nur!" wiederholte der Mann und balancierte in großen Schwingungen, während er Jukes den Rücken zukehrte.

„Wollen Sie damit sagen, daß es diesmal schlimm werden kann?" fragte Jukes mit knabenhaftem Interesse.

„Sagen? ... Ich sage gar nichts. Mich fangen Sie nicht," fuhr ihn der kleine zweite Steuermann mit einer Mischung von Stolz, Verachtung und Schlauheit an, als wäre Jukes' Frage eine klug entdeckte Falle. „O nein! Keiner soll mich zum Narren machen," murmelte er.

Jukes sagte sich in diesem Augenblick, dieser zweite Steuermann sei ein gemeiner kleiner Kerl, und wünschte von Herzen, der arme Jack Allen möchte lieber nicht in das Kohlenschiff gestürzt sein.

Das ferne dunkle Etwas in gerader Richtung vor dem Schiff war wie eine jenseits der gestirnten Erdennacht liegende andre Nacht – die sternenlose, schweigende Nacht der Unermeßlichkeiten jenseits des geschaffenen Weltalls.

„Was auch da vor uns liegen mag," sagte Jukes, „wir dampfen gerade darauf los."

„*Sie* haben's gesagt," bemerkte der zweite Steuermann heftig, während er Jukes immer noch den Rücken kehrte. „*Sie* haben's gesagt, wohlgemerkt – nicht ich."

„Ach, gehen Sie nach Jericho," rief Jukes ärgerlich.

Der andre ließ ein triumphierendes, kurzes Kichern hören. „Sie haben's gesagt," wiederholte er.

„Nun und was weiter?"

„Ich hab's schon mehr als einmal erlebt, daß wirklich tüchtige Leute es mit ihrem Kapitän verdorben haben, die verdammt viel weniger gesagt haben," antwortete der zweite Steuermann ganz aufgeregt, und setzte hinzu: „O nein, mich fangen Sie nicht."

„Ihnen scheint verteufelt viel daran gelegen zu sein, sich nicht in Ungelegenheiten zu bringen," sagte Jukes, über solche Albernheit ernstlich aufgebracht. „Ich würde mich nicht fürchten, zu sagen, was ich denke."

„Ja wohl, zu mir! Das ist keine große Kunst. Ich bin niemand; das weiß ich wohl."

Nach einer Pause verhältnismäßiger Ruhe begann das Schiff aufs neue und immer heftiger zu schlingern, so daß Jukes vorerst genug zu tun hatte, sich im Gleichgewicht zu halten, und keine Zeit fand, den Mund zu öffnen. Sobald aber die Heftigkeit der Bewegung etwas nachgelassen hatte, sagte er: „Das ist des Guten etwas zu viel. Ob irgend etwas kommt oder nicht, jedenfalls sollte das Schiff gegen die Dünung gebracht werden. Der Alte ist eben hineingegangen. Hol' mich der Henker, wenn ich nicht mit ihm rede!"

Als Jukes aber die Tür des Kartenhauses öffnete, erblickte er seinen Kapitän in einem Buche lesend. Kapitän Mac Whirr hatte sich nicht hingelegt; er stand aufrecht und hielt sich mit der einen Hand an der Ecke des Büchergestells fest, während er sich mit der andern einen dicken Band offen vors Gesicht hielt. Die Lampe wurde hin und her geschwungen; die lose stehenden Bücher auf dem Brett fielen von einer Seite auf die andre; das lange Barometer bewegte sich ruckweise in Halbkreisschwingungen; die Tischplatte änderte jeden Augenblick ihre Richtung. Mitten in all dieser Unruhe, diesem Aufruhr stand Mac Whirr unbeweglich. Jetzt erhob er seine Augen etwas über den oberen Rand des Buches und fragte: „Was gibt's?"

„Die See geht immer höher, Herr Kapitän."

33

„Das hab' ich hier innen auch gemerkt," murmelte der Kapitän. „Irgend etwas passiert?"

Jukes, den der tiefe Ernst der Augen, die ihn über das Buch weg ansahen, bestürzt machte, lächelte verlegen. „Das Schiff rollt wie ein alter Wagenkasten," bemerkte er blöde.

„Ja – schlimm – sehr schlimm. – Was wünschen Sie?"

Bei dieser Frage verlor Jukes den Boden unter den Füßen, und wie ein Mann, der nach einem Strohhalm greift, antwortete er: „Ich dachte an unsre Passagiere."

„Passagiere?" fragte der Kapitän verwundert. „Was für Passagiere denn?"

„Nun, die Chinesen, Herr Kapitän," erklärte Jukes, dem die Unterhaltung immer peinlicher wurde.

„Die Chinesen! Warum reden Sie nicht deutlich? Konnte mir nicht denken, was Sie meinten. Hab' noch nie eine Herde Kulis Passagiere nennen hören. Passagiere – wahrhaftig! Was fällt Ihnen ein?"

Und der Kapitän schloß das Buch über seinem Zeigefinger, ließ seinen Arm sinken und sah ganz verblüfft drein. „Warum denken Sie an die Chinesen, Herr Jukes?" fragte er.

Jukes faßte sich ein Herz. Mit dem Mute der Verzweiflung sagte er: „Die Decks sind voll Wasser, Herr Kapitän. Ich dachte, man sollte das Schiff wenden, für eine Weile nur, bis die See sich etwas beruhigt hat – was jedenfalls sehr bald geschehen wird; nach Osten steuern – ich hab' noch nie ein Schiff so stark schlingern sehen."

Er blieb unter der Tür stehen, und Kapitän Mac Whirr, dem das Festhalten an dem Bücherbrett nicht mehr angemessen erschien, entschloß sich kurz, es fahren zu lassen, und fiel schwer aufs Sofa nieder.

„Nach Osten?" fragte er, indem er sich bemühte, sich aufzusetzen. „Das wäre mehr als vier Punkte von seinem Kurs ab."

„Ja, Herr Kapitän, fünfzig Grad ... Würde das Vorderteil gerade weit genug herum bringen, um diesem Seegang zu begegnen ..."

Kapitän Mac Whirr saß jetzt aufrecht. Er hatte das Buch nicht aus der Hand gelegt und seine Stelle darin nicht verloren. „Nach Osten?" wiederholte er, mit steigender Verwunderung. „Nach ... wohin meinen Sie, daß wir fahren? Sie wollen, daß ich ein mir anvertrautes Schiff vier Punkte weit von seinem Kurs wenden soll, um – es den Chinesen gemütlicher zu machen. Nun, ich hab' schon von mehr als genug Dummheiten gehört, die in der Welt geschehen sind – aber so was Dummes ... Wenn ich Sie nicht kennte, Jukes, so würde ich glauben. Sie sprächen im Rausche. Vier Punkte weit abdrehen ... und was dann? Vier weitere Punkte nach der andern Richtung wahrscheinlich, um wieder auf den rechten Kurs zurückzukommen. Wie kommen Sie darauf, ich könnte einen Dampfer steuern, als ob er ein Segelschiff wäre?"

„Ein Glück, daß er keines ist," warf Jukes bitter ein, „es wäre sonst heute nachmittag vollends alles über Bord gegangen."

„Ja, und Sie hätten nichts dabei machen können, als zusehen," sagte der Kapitän mit ziemlicher Lebhaftigkeit. „Vollkommen windstill, nicht wahr?"

„Ja, Herr Kapitän. Aber es muß etwas Außergewöhnliches im Anzuge sein – ganz gewiß."

„Kann sein. Ich glaube. Sie meinen, ich sollte dem schlechten Wetter aus dem Wege gehen," sagte Kapitän Mac Whirr so einfach und ruhig als möglich, während sein Blick fest auf das Wachstuch gerichtet war, das den Boden bedeckte, so daß er weder die Niedergeschlagenheit seines ersten Steuermanns, noch das Gemisch von Ärger und achtungsvollem Staunen in dessen Gesicht bemerkte.

„Da ist nun dieses Buch," fuhr er bedächtig fort, und schlug sich mit dem geschlossenen Bande auf den Schenkel. „Ich habe eben das Kapitel über die Stürme gelesen."

Das war richtig. Er hatte das Kapitel über die Stürme gelesen. Als er ins Kartenhaus eingetreten war, hatte er nicht die Absicht gehabt, das Buch zur Hand zu nehmen. Irgend ein Einfluß in der Luft – derselbe vielleicht, der den Steward veranlaßt hatte, ungeheißen die Wasserstiefel und das Ölzeug des Kapitäns ins Kartenhaus heraufzubringen – mußte seine Hand an das Bücherbrett geführt haben, und ohne sich Zeit zu nehmen, niederzusitzen, hatte er sich mit aller Anstrengung in die fachmännische Terminologie hineingearbeitet. Er verlor sich förmlich in den weitschweifigen Erörterungen über fortschreitende Halbkreise, links- und rechtsseitige Quadranten, Fahrtkurven, wahrscheinliche Lage des Mittelpunktes, Windwechsel und Barometerstand. Er suchte, alle diese Dinge in bestimmte Beziehung zu sich selbst zu bringen, und geriet schließlich in eine förmliche Wut über eine solche Masse von Regeln und Ratschlägen, die nur auf Theorieen und Vermutungen beruhten und keinen Schimmer von Gewißheit hatten.

„'s ist eine verdammte Geschichte, Jukes," sagte er. „Wenn einer alles das glaubte, was in dem Buche steht, so müßte er seine meiste Zeit damit zubringen, auf dem Meere hin und her zu fahren, um dem Wetter auszuweichen.“

Wieder schlug er sich mit dem Buche auf das Bein, und Jukes öffnete den Mund, sagte aber kein Wort.

„Dem Wetter ausweichen! Verstehen Sie das, Herr Jukes? 's ist verrückt!“ stieß der Kapitän hervor, während seine Blicke den Fußboden zu durchbohren schienen. „Man sollte meinen, ein altes Weib habe das Zeug geschrieben. Ich versteh's einfach nicht. Wenn ich mich danach richten wollte, so müßte ich sofort den Kurs ändern, der Teufel weiß wohin, um schließlich von Norden her nach Futschou hinunter zu kommen, wenn der Sturm vorbei ist, der jetzt auf uns zukommt. Von Norden her! Hören Sie, Jukes? Das macht dreihundert Meilen extra, und eine schöne Kohlenrechnung würde das geben. Dazu könnte ich mich nicht entschließen, wenn auch jedes Wort in dem Buche wahr wäre wie das Evangelium. Erwarten Sie nicht von mir ...“

Jukes verharrte in schweigender Verwunderung ob solcher Lebhaftigkeit und Beredsamkeit.

„Aber in Wahrheit weiß ja kein Mensch, ob der Kerl überhaupt recht hat. Wie kann man sagen, welcher Art ein Sturm ist, ehe er noch da ist? Da heißt es zum Beispiel, daß der Mittelpunkt dieser Dinger acht Striche vom Winde abpeilt; aber wir haben gar keinen Wind, so tief auch das Barometer steht. Wo bleibt da sein Mittelpunkt?“

„Wir werden den Wind sofort bekommen,“ murmelte Jukes.

„So lassen Sie ihn kommen,“ sagte Kapitän Mac Whirr mit würdevoller Entrüstung. „Ich habe Ihnen das nur gesagt, Herr Jukes, damit Sie sehen, daß man sich nicht an die Bücher halten kann. All diese Regeln, wie man den Stürmen ausweichen und die Winde des Himmels überlisten soll, erscheinen mir, bei Licht betrachtet, als die größte Tollheit." Er erhob den Blick, bemerkte, daß Jukes ihn halb ungläubig ansah, und versuchte, seine Meinung deutlicher zu machen. „Ungefähr ebenso verrückt wie Ihre sonderbare Idee, ich solle den Kurs des Schiffes auf ich weiß nicht wie lange ändern, um es den Chinesen behaglicher zu machen, während alles, was wir zu tun haben, darin besteht, sie nach Futschou zu bringen, und zwar bis Freitag vormittag. Wenn mich das Wetter aufhält, so kann ich's nicht ändern; Ihr Loggbuch gibt darüber Rechenschaft. Wenn ich nun aber einen Umweg machte und zwei Tage später einliefe und man mich fragte: ›Wo sind Sie so lange geblieben, Kapitän?‹ was könnte ich da antworten? ›Bin dem schlechten Wetter ausgewichen,‹ würd' ich sagen. ›Das muß verdammt schlechtes Wetter gewesen sein,‹ würde man antworten. ›Weiß nicht,‹ müßt' ich sagen, ›ich hab' nichts davon gesehen, bin ihm vollständig aus dem Weg gegangen.‹ Sehen Sie, Jukes? Ich hab' den ganzen Nachmittag über die Sache nachgedacht." Wieder sah er Jukes mit seinen blicklosen, blöden Augen an. Kein Mensch hatte ihn je so viel auf einmal sprechen hören. Jukes kam sich vor, als sei er ausersehen, ein Wunder zu schauen. Grenzenloses Erstaunen sprach aus seinen Blicken, während sich in seinen Zügen ungläubige Verwunderung malte.

„Ein Sturm ist ein Sturm, Herr Jukes," fing der Kapitän von neuem an, „und ein tüchtiges Dampfschiff muß ihm standhalten. Es geht viel schlechtes Wetter in der Welt um, und das Beste ist, sich hindurchzuschlagen ohne das, was Kapitän Wilson ›Sturmstrategie‹ nennt. Neulich hörte ich ihn in einer Wirtschaft am Lande zu einem Haufen von Schiffskapitänen sprechen, die sich an einem Tisch neben dem meinigen zusammengefunden hatten. Was er sagte, schien mir der größte Unsinn zu sein. Er erzählte ihnen, wie er um einen furchtbaren Sturm herum manövriert habe, so daß er stets wenigstens fünfzig Meilen davon entfernt geblieben sei. Ein feines Stück Kopfarbeit nannte er das. Wie er wissen konnte, daß in einer Entfernung von fünfzig Meilen ein furchtbarer Sturm herrschte, geht über meinen Horizont. Es war, als ob man einem Irrsinnigen zuhörte. Ich hätte gedacht, Kapitän Wilson wäre alt genug, um gescheiter zu sein."

Kapitän Mac Whirr schwieg einen Augenblick und sagte dann: „Sie haben die Wache unten, Jukes?"

Diese Frage brachte Jukes wieder zu sich.

„Ja, Herr Kapitän," antwortete er rasch.

„Geben Sie Befehl, daß man mich ruft, so bald sich die geringste Veränderung zeigt," sagte der Kapitän. Er langte nach oben, um das Buch wegzustellen. Dann zog er die Beine aufs Sofa. „Machen Sie die Tür zu, daß sie nicht auffliegen kann, bitte! Ich kann's nicht ausstehen, wenn eine Tür schlägt. Die Hälfte aller Schlösser auf dem Schiff taugt nichts."

Kapitän Mac Whirr schloß die Augen. Er wollte ausruhen. Er war müde und empfand jenes Gefühl geistiger Leere, wie es sich nach einer erschöpfenden Auseinandersetzung einzustellen pflegt, durch die man einer in Jahren stillen Nachdenkens gereiften Überzeugung Ausdruck verliehen hat. Ohne es selbst zu wissen, hatte er in der Tat sein Glaubensbekenntnis abgelegt, unter dessen Eindruck Jukes auf der andern Seite der Tür lange Zeit, sich den Kopf krauend, stehen blieb. – – Kapitän Mac Whirr öffnete die Augen. Er glaubte geschlafen zu haben. Was war das für ein Lärm? Wind? Warum hatte man ihn nicht gerufen? Die Lampe wurde kräftig hin und her geworfen, das Barometer schwang sich im Kreise, die Tischplatte wechselte fortwährend die Richtung; ein Paar alter Wasserstiefel mit zusammengedrückten Spitzen glitten an dem Sofa vorbei. Augenblicklich streckte der Kapitän die Hand aus und fing den einen davon ein.

Jetzt erschien Jukes' Gesicht in der nur wenig geöffneten Tür; nur sein Gesicht, stark gerötet, mit weit offenen Augen. Die Lampe flammte auf, ein Stück Papier flog in die Höhe, ein Luftstrom umhüllte den Kapitän. Während er sich anschickte, den einen Stiefel anzuziehen, richtete er den Blick fragend auf Jukes' erhitztes, aufgeregtes Gesicht.

„Erst vor fünf Minuten fing es an," schrie dieser, „ganz plötzlich."

Er zog seinen Kopf zurück und schlug die Tür zu. Ein Schauer von klatschend aufschlagenden Tropfen fuhr über die geschlossene Tür hin, wie wenn ein Eimer voll geschmolzenen Bleis gegen das Haus geworfen würde. Jetzt konnte man über dem dumpfen Lärm draußen ein Pfeifen vernehmen. Das wohlverwahrte Kartenhaus war plötzlich so voll Zugluft wie ein offener Schuppen. Kapitän Mac Whirr fing den andern Stiefel ein, der eben auf dem Fußboden an ihm vorbeigaloppieren wollte. Die Schuhe, die er weggeworfen hatte, tanzten von einem Ende des Raumes zum andern, sich überkugelnd wie spielende junge Hunde. Sobald er aufrecht in seinen Stiefeln stand, stieß er ingrimmig nach ihnen, doch ohne Erfolg.

Er warf sich in die Stellung eines weitauslegenden Fechters, um seinen Ölrock zu ergreifen, und schwankte dann im ganzen

Zimmer umher, während er sich in ihn hineinarbeitete. Mit ernster Miene, die Beine weit auseinander gespreizt, den Hals emporgestreckt, machte er sich daran, mit unbeholfenen, leicht zitternden Fingern die Bänder seines Südwesters sorgfältig unter dem Kinn festzubinden. Seine Bewegungen glichen genau denen einer Frau, die vor dem Spiegel ihren Hut aufsetzt. Dabei lauschte er angestrengt, als erwarte er jeden Augenblick, in dem Aufruhr, der sein Schiff umringte, seinen Namen rufen zu hören. Das Getöse wurde immer stärker, während er sich bereit machte, hinauszugehen und dem Kommenden, was es auch sein mochte, die Stirne zu bieten. Das Heulen des Windes, das krachende Brechen der Wogen vermischte sich mit jenem andauernden dumpfen Dröhnen in der Luft, das wie der Laut einer ungeheuern, weit entfernten Trommel klingt, die zum Angriff des Sturmes geschlagen wird.

Einen Augenblick blieb Kapitän Mac Whirr im Lichte der Lampe stehen – in seiner Kampfesrüstung eine unförmliche, plumpe Gestalt, das Gesicht gerötet und mit gespanntem Ausdruck.

„Das bedeutet etwas," murmelte er.

Sobald er versuchte, die Tür zu öffnen, bemächtigte sich der Sturm ihrer. Der Kapitän hielt den Griff fest, wurde über die Schwelle gezogen und fand sich sofort im Handgemenge mit dem Sturme, der ihm nicht erlauben wollte, die Tür zu schließen. Im letzten Augenblick fuhr ein Windstoß hinein und löschte die Lampe aus.

Tiefes Dunkel lagerte vor dem Schiffe über einer Menge von weißleuchtenden Stellen. Über Steuerbord sah man einige mattglänzende Sterne über einer ungeheuren Wüste gebrochener

Wogen, bald mehr bald weniger deutlich, wie durch einen wilden Wirbel von Rauch.

Auf der Brücke bemerkte der Kapitän eine Ansammlung von Männern in eifriger Bewegung. Im Lichte der Steuerhausfenster, das ihre Köpfe und Rücken unsicher beleuchtete, sah er sie angestrengt arbeiten. Plötzlich verdunkelte sich die eine Scheibe, dann die andre. Er hörte das Sprechen der ins Dunkel versunkenen Gruppen in Bruchstücken – gleichsam in Fetzen, die der Wind an seinem Ohr vorbei fegte. Jetzt erschien Jukes an seiner Seite, mit gesenktem Haupte schreiend: „Wache – Steuerhausläden vorgelegt – Furcht – Glas – eingeblasen werden.“

In vorwurfsvollem Tone hörte Jukes seinen Gebieter sagen: „Sagte – sollten – rufen.“

Er versuchte, eine Erklärung zu geben, während der Sturm gegen seine Lippen drückte.

„Schwacher Wind – blieb – Brücke – plötzlich – Nordost – dachte – sicher selbst hören.“

Sie hatten den Schutz des Wettertuches erreicht und vermochten sich nun mit erhobener Stimme, wie Streitende, zu unterhalten.

„Ich rief die Matrosen zusammen und ließ sie alle Ventilatoren zumachen. Nur gut, daß ich auf Deck geblieben war. Ich glaubte nicht, daß Sie eingeschlafen wären, und so ... Wie sagten Sie, Herr Kapitän? Was?“

„Nichts,“ schrie Kapitän Mac Whirr. „Ich sagte – schon gut.“

„Beim Himmel! Diesmal kriegen wir's ordentlich,“ brüllte Jukes.

„Sie haben den Kurs nicht verändert?" fragte der Kapitän mit erhobener Stimme.

„Nein, Herr Kapitän, gewiß nicht. Der Wind kommt direkt von vorn. Und hier kommt ..."

Ein tiefes Hinabtauchen des Schiffes – ein Stoß, als ob es mit dem Kinn auf etwas Festes aufgestoßen wäre, dann ein Augenblick der Ruhe, worauf der Wind ihnen einen kräftigen Schauer von Flugwasser ins Gesicht trieb.

„Wir wollen es halten, so lang wir können," rief Kapitän Mac Whirr.

Ehe sich Jukes das Salzwasser aus den Augen gestrichen hatte, waren alle Sterne verschwunden.

Drittes Kapitel

Jukes war so tapfer wie irgend einer aus einem halben Dutzend junger Steuermänner, wie man sie mit einem Netze von den Gewässern der Erde auffischen könnte, und obwohl ihn die überraschende Heftigkeit des ersten Anpralls einigermaßen verblüffte, so hatte er sich doch im Augenblick wieder gefaßt, hatte die Matrosen herausgerufen und sie da- und dorthin dirigiert, um sie etwa noch nicht verwahrte Öffnungen an Deck schließen zu lassen. Seine frische, kräftige Stimme klang aufmunternd in aller Ohren, während er jeden einzelnen an seinen Platz wies, sich dabei innerlich vorsagend, daß er „es nicht anders erwartet habe".

Zu gleicher Zeit aber kam es ihm immer deutlicher zum Bewußtsein, daß er so viel nicht erwartet habe. Vom ersten Luftzuge an, der gegen sein Gesicht strich, schien die Stärke des Windes lawinenartig anzuwachsen.

Heftige Schauer von Flugwasser bedeckten die Nan-Shan vom Steven zum Heck, und neben dem fortgesetzten Schlingern des Schiffes begann ein ruckweises Hin- und Herschlenkern, ein Auf- und Niederschnellen, als wäre es toll geworden vor Angst und Schrecken. Jukes dachte: „Das ist kein Spaß." Während er noch mit seinem Kapitän laut schreiend Erklärungen tauschte, verdunkelte sich plötzlich die Nacht um die beiden her, als breche die Finsternis greifbar über sie herein. Es war, als ob die bisher schon verhüllten Lichter der Welt plötzlich ganz ausgelöscht würden. Jukes war aufrichtig froh, seinen Kapitän bei sich zu haben. Es gewährte ihm ein Gefühl der Beruhigung und Erleichterung, wie wenn dieser Mann schon dadurch, daß er auf Deck gekommen war, die Hauptwucht des Sturmes auf seine Schultern genommen hätte. Das ist der Nimbus, der den Führenden umgibt, sein Vorrecht und seine Last.

Kapitän Mac Whirr konnte von niemand auf der Welt solche Erleichterung erwarten. Die Stellung des Befehlenden ist eine isolierte; er steht allein auf einsamer Höhe. Kapitän Mac Whirr bemühte sich zu sehen, mit angestrengten Wachsamkeit des Seemanns, der dem Sturme ins Auge schaut wie einem persönlichen Gegner, um seine verborgene Absicht zu durchdringen und das Ziel und die Stärke des bevorstehenden Angriffs zu erraten. Aber der Sturm kam ihm aus undurchdringlicher Nacht entgegen. Er fühlte die Unruhe seines Schiffes unter sich und vermochte nicht einmal, einen Schatten von dessen Gestalt zu unterscheiden. Er wünschte aus tiefster Seele, es möchte anders sein, und konnte doch nur schweigend warten, hilflos wie ein Blinder.

Ihm war das Schweigen natürlich, mochte es Tag oder Nacht um ihn sein. Der neben ihm stehende Jukes ließ mitten im Sturme seine Stimme in ermunterndem Zuruf hören: „Es scheint, wir haben das Schlimmste gleich auf einmal bekommen, Herr Kapitän."

Ein schwacher Blitz zuckte über den ganzen Himmel. Es war, als leuchte er in eine Höhle – in eine dunkle, verborgene Kammer des Meeres, deren Fußboden aus schaumbedeckten Wogenkämmen bestehe.

Sein Licht enthüllte für einen flüchtigen, unglücklichen Augenblick eine zerklüftete, tief herabhängende Wolkenmasse, die langgestreckten Umrisse des stark schlingernden Schiffskörpers, die schwarzen Gestalten der Männer auf der Brücke, die mit ihren vorgestreckten Köpfen aussahen, als wären sie in der Bewegung des Vorstoßens versteinert. Wieder schlug die Finsternis über allem zusammen, und jetzt endlich kam die Sache selbst plötzlich und schnell, wie das Zerschellen eines Gefäßes des Zornes. Rings um das Schiff her schien es zu bersten, dieses in allen Fugen gewaltsam erschütternd, während ungeheure Wassermassen sich dagegen stürzten, als wäre ein großer, schützender Damm vom Sturme weggeblasen worden. Im Nu waren die Menschen voneinandergerissen. Das ist die auflösende Macht des Sturmes: sie reißt den Menschen fort von seinesgleichen.

Ein Erdbeben, ein Erdrutsch, eine Lawine überfallen den Menschen sozusagen zufällig – leidenschaftslos. Der Sturm dagegen greift ihn an wie ein persönlicher Feind, lähmt seine Glieder, betäubt seine Sinne, ja, sucht ihm die Seele aus dem Leibe zu reißen.

Jukes wurde von seinem Kapitän weggeschleudert. Er hatte die Empfindung, als würde er weithin durch die Luft gewirbelt. Für einen Augenblick entschwand ihm alles, selbst die Fähigkeit zu denken. Aber seine Hand hatte eine der Relingstützen erfaßt. Beinahe war er geneigt, das Ganze für einen bösen Traum zu halten, wodurch jedoch sein Entsetzen nicht vermindert wurde. So jung er noch war, hatte er doch schon schlechtes Wetter kennen gelernt und glaubte sich eine Vorstellung vom schlechtesten machen zu können. Dies aber überstieg seine Vorstellungskraft so sehr, daß es ihm überhaupt unvereinbar schien mit der Existenz irgend eines Schiffes.

Auch an dem Fortbestand seines eigenen Daseins würde er vielleicht gezweifelt haben, hätte es ihn nicht so unsägliche Anstrengung gekostet, sich einer unsichtbaren Gewalt gegenüber zu behaupten, die ihn von seinem Halte wegzureißen suchte. Das Bewußtsein, nicht gänzlich vernichtet zu sein, wurde auch durch anderweitige Empfindungen in ihm verstärkt: er fühlte sich vollständig durchnäßt, scheußlich zerschlagen und halb erstickt.

Es wollte ihm scheinen, als sei er lange, lange allein mit der Stütze in seinen Händen. Der Regen floß in Strömen über ihn. Atmen konnte er nur in Absätzen. Das Wasser, das er verschluckte, war teils süß, teils salzig. Die Augen hielt er meist fest geschlossen, als fürchte er durch den Ansturm der Elemente das Gesicht zu verlieren. Wenn er hie und da ein flüchtiges Blinzeln wagte, leuchtete ihm tröstlich der grüne Schimmer des Steuerbordlichtes, dessen schwacher Schein auf Regenschauer und Flugwasser fiel. Er blickte eben wieder danach, als seine Strahlen eine hoch aufwallende See beleuchteten, die es auslöschen sollte. Er sah das Haupt der Woge sich überstürzen, hörte, wie ihr Krachen den ungeheuren Aufruhr in den Lüften um ein Minimum vermehrte, und fast im selben Augenblick wurde ihm die Stütze aus den Armen gerissen. Nach einem heftigen Stoße auf seinen Rücken fühlte er sich plötzlich vom Wasser erfaßt und aufwärts getragen. Zuerst glaubte er nicht anders, als daß das ganze Chinesische Meer über die Brücke hereingebrochen sei. Dann kam ihm die vernünftige Vermutung, daß er über Bord geschwemmt worden sei. Während er von riesigen Wassermassen hin und her geschleudert, gestoßen und gerollt wurde, wiederholte er innerlich fortwährend mit der größten Hast die Worte: „Mein Gott! Mein Gott! Mein Gott! Mein Gott!"

Plötzlich faßte er in einem Anfall von Verzweiflung den tollen Entschluß, sich herauszuarbeiten. Er fing an mit Armen und Beinen um sich zu schlagen. Kaum aber hatte er seine ohnmächtigen Bemühungen begonnen, so entdeckte er, daß er irgendwie mit einem menschlichen Gesichte, einem Ölrocke und einem Paar Stiefel zusammenhing. Mit wilder Hast faßte er nach all diesen Dingen, verlor sie, fand sie wieder, verlor sie nochmals, bis sich endlich ein Paar kräftige Arme fest um ihn schlossen. Er umarmte seinerseits ebenso fest einen dicken, starken Körper – er hatte seinen Kapitän gefunden.

Wie ein Knäuel wurden die beiden hin und her gerollt. Nur um so fester hielten sie sich umschlungen. Endlich ließ sie das Wasser fallen. Atemlos und zerschlagen strandeten sie an der Seite des Steuerhauses, und es war kein leichtes Stück Arbeit, sich trotz des

Sturmes auf die Füße zu stellen und anzuklammern, wo sich eben ein Halt bot.

Jukes fühlte sich halb betäubt von dem ausgestandenen Schrecken; es war ihm, als habe er eine unerhörte Vergewaltigung seiner Empfindungen erfahren. Sein Selbstvertrauen hatte einen schweren Stoß erlitten. Mit lauter Stimme schrie er dem Manne, den er in der höllischen Finsternis neben sich fühlte, ein ums andre mal zu: „Sind Sie's, Herr Kapitän? Sind Sie's, Herr Kapitän?" bis er meinte, die Schläfen müßten ihm zerspringen. Und als Antwort hörte er eine ärgerliche Stimme wie aus weiter, weiter Ferne das eine Wort: „Ja!" schreien. Neue Seen ergossen sich über die Brücke. Jukes empfing sie, ohne sich dagegen schützen zu können, mit bloßem Kopfe, da er beide Hände nötig hatte, um sich festzuhalten.

Das Schiff schlingerte ungewöhnlich stark. Seine Bewegungen hatten etwas Mitleiderregendes in ihrer gänzlichen Hilflosigkeit. Mit jedem neuen Rucke schien es auf eine eherne Mauer aufzustoßen. Wenn es im Rollen kopfüber auf die Seite fiel, so wurde es von einem so gewaltsamen Stoße wieder zurückgeschleudert, daß Jukes sein Taumeln wie das eines Betrunkenen empfand, der nahe daran ist, zusammenzustürzen. Der Sturm heulte und tobte mit unbändiger Wut durch die Nacht. Dann und wann strömte die Luft, wie von einer ungeheuren konzentrierten Kraft durch einen Trichter getrieben, gegen das Schiff an; in solchen Augenblicken war es, als werde es über das Wasser hinausgehoben und in die Höhe gehalten, während nur ein leises Beben von seinem einen Ende bis zum andern spürbar war. Dann begann das Hin- und Herschleudern aufs neue, wie wenn das Schiff in einen siedenden Kessel geworfen worden wäre.

Mit aller Anstrengung suchte Jukes sich zu sammeln und die Lage der Dinge mit kühlem Blute zu beurteilen.

Wenn die See von den heftigen Stößen des Sturmes zurückgetrieben wurde, erhob sie sich sofort wieder um so ungestümer und bedeckte beide Enden der Nan-Shan mit schneeig weißen Schaummassen, die sich rings um das Schiff weithin in die Nacht ausbreiteten. Und auf dieser blendenden Fläche, die unter den schwarzen Wolkenmassen ein bläuliches Licht ausstrahlte, bot sich dem Kapitän für Augenblicke der traurige Anblick einzelner winziger, kohlschwarzer Punkte – die Verschlüsse der Luken, die hölzernen Hundehäuser, der Fuß eines Mastes.

Das war alles, was er von seinem Schiffe sehen konnte. Der Mittelbau mit der Brücke, auf der er stand, mit dem Steuerhause, in dem der zweite Steuermann sich eingeschlossen hatte, um nicht mitsamt dem Steuerapparate von einer See über Bord gerissen zu werden – der Mittelbau des Schiffes glich einem vorgeschobenen Felsen an der Küste, den die Wogen umbranden, den sie überströmen, von dem sie abfließen, an dem sie sich brechen – einem Felsen, an den sich Schiffbrüchige mit ihrer letzten Kraft anklammern – nur daß dieser Fels sich hob und senkte und ununterbrochen, ohne Rast und ohne Ruh' hin und her rollte, als wäre es ein von der Küste losgerissener, nun auf dem Meere wandernder Block.

In sinnloser Zerstörungswut betrieb der Sturm die Plünderung der Nan-Shan: Schnausegel wurden aus den Seisings gerissen, doppelt befestigte Sonnenzelte weggeblasen, die Brücke reingefegt, Wettertücher zerschlitzt, Oberlichtdeckel zerschmettert. Zwei von den Booten hatten sich schon davon gemacht, ohne daß es jemand gesehen oder gehört hätte, als hätten sie dem gewaltigen Anprall der Elemente nicht länger standhalten können. Erst später, als wieder eine weißschimmernde See über das Mittelschiff hereinstürzte, sah Jukes auf einen Augenblick zwei Davits schwarz und leer aus dem noch schwärzeren Dunkel auftauchen und sich in der Luft überschlagen, während ein eisenbeschlagener Block sich in Luftsprüngen erging, und nun erst merkte er, was in einer Entfernung von nur drei Metern hinter seinem Rücken geschehen war.

Er suchte mit dem Kopfe nach dem Ohre seines Kapitäns. Seine Lippen berührten es – es war groß, dick und sehr naß. In erregtem Tone schrie er: „Unsre Boote sind losgerissen, Herr Kapitän!"

Und wieder hörte er jene angestrengt und doch schwach klingende Stimme, und aus ihrem Klange sprach eine Ruhe, die seltsam abstach von dem chaotischen Lärm ringsum, als käme sie aus einem weitentlegenen Orte des Friedens; wieder hörte er die Stimme eines Menschen, jenen schwachen und zugleich unbezwinglichen Laut, den Träger einer Unendlichkeit des Gedankens und Willens, die noch am jüngsten Tage zuversichtliche Worte sprechen wird, wenn die Himmel stürzen werden und Gerechtigkeit geübt werden wird – wieder hörte er sie, und wie aus weiter Ferne rief sie ihm zu: „Schon gut!"

Er glaubte, nicht verstanden worden zu sein. „Unsere Boote – die Boote, sag' ich – die Boote, Herr Kapitän! Zwei sind schon fort!"

Und als Antwort kam es deutlich zurück: „Nichts zu machen!"

Kapitän Mac Whirr hatte sein Gesicht nicht gewendet; trotzdem fing Jukes einige weitere Worte auf: „Was kann – erwarten – wenn – durch solche – – muß wohl – etwas dahinten bleiben – nicht anders – erwarten."

Jukes lauschte angestrengt, um noch mehr zu hören. Allein es kam nichts mehr. Kapitän Mac Whirr hatte alles gesagt, was er zu sagen gehabt hatte. Jukes konnte sich den breiten, runden Rücken vor sich mehr denken, als ihn sehen. Eine undurchdringliche Finsternis lag schwer über der gespenstisch schimmernden See. In Jukes begann die dumpfe Überzeugung sich festzusetzen, daß nichts zu machen sei.

Wenn das Steuer nicht den Dienst versagte, wenn die ungeheuren Wassermassen das Deck nicht eindrückten oder eine der Luken zertrümmerten, wenn die Maschinen nicht stillstanden, wenn das Schiff nicht von einer der riesigen Seen begraben wurde, von denen Jukes nur hie und da mit Grauen die weißen Häupter hoch über dem Bug des Schiffes erblickte – dann war es möglich, daß es den Sturm überstand. Es war, als drehte sich etwas in ihm um: die Nan-Shan schien ihm verloren zu sein.

„Sie ist hin!" sagte er sich und empfand dabei eine merkwürdige Gefühlsregung, als ob die Bedeutung dieses Gedankens sich ihm jetzt erst erschlösse. Eines von den gefürchteten Ereignissen mußte ja doch eintreffen. Es war nicht mehr möglich, irgend etwas zu verhüten oder zu bessern. Die Menschen an Bord waren machtlos, und das Schiff konnte nicht aushalten in diesem unmöglichen Wetter.

Da warf sich ein Arm schwer über Jukes' Schultern, und er erwiderte diese Annäherung mit richtigem Verständnis, indem er seinen Kapitän um den Leib faßte.

So standen die beiden in der stockfinsteren Nacht, vereint dem Sturme Trotz bietend, Wange an Wange und Mund an Ohr, wie zwei Steven an Heck vertäute Fahrzeuge.

Und Jukes hörte die Stimme seines Gebieters, zwar kaum lauter als zuvor, aber näher; und aufs neue überraschte ihn ihr ruhiger Klang. „Wissen Sie, wo die Matrosen hingekommen sind?" fragte die Stimme laut und doch zugleich ersterbend, die Gewalt des Sturmes übertönend, und doch sofort von ihm verschlungen.

Jukes wußte es nicht. Sie waren alle auf der Brücke gewesen, als die eigentliche Gewalt des Sturmes zuerst das Schiff traf. Er konnte sich nicht denken, wohin sie sich verkrochen haben mochten. Der Wunsch des Kapitäns, es zu wissen, beunruhigte ihn einigermaßen. Was konnte er unter den obwaltenden Umständen von ihnen wollen?

„Brauchen Sie die Matrosen, Herr Kapitän?" fragte er ängstlich.

„Sollte es wissen," sagte der Kapitän bestimmt. „Halten Sie fest!" Sie hielten fest. Ein Ausbruch fesselloser Wut, ein wilder Stoß des Sturmes ließ das Schiff plötzlich fast still stehen. Rasch und leicht nur, wie die Wiege eines Kindes, schaukelte es während eines Augenblicks angstvollen Harrens, indessen es war, als stürze die ganze Atmosphäre wütend darüber hin.

Sie glaubten ersticken zu müssen. Mit geschlossenen Augen hielten sie sich fest und fester umklammert. Nach der Heftigkeit des Anpralles zu urteilen, mochte er von einer gewaltigen Wassersäule herrühren, die sich hoch in die Luft erhoben hatte, um dann im Anschlagen gegen das Schiff sich zu überstürzen und von hoch oben sich darauf zu ergießen.

Ein fliegender Bruchteil von diesem Zusammensturz, ein bloßer Spritzer hüllte die beiden Männer vom Kopf bis zu den Füßen ein, ihnen Ohren, Mund und Nase gewaltsam mit Salzwasser füllend. Er verrenkte ihnen die Beine, zerrte an ihren Armen, schoß wie rasend unter ihrem Kinn vorbei, und als sie ihre Augen zu öffnen imstande waren, erblickten sie Massen weißen Schaumes, die zwischen den scheinbaren Bruchstücken eines Schiffes hin und her schlugen. Die Nan-Shan schien der Übermacht zu weichen; den beiden Männern erbebte das Herz. Plötzlich aber raffte sie sich wieder auf zu neuem, verzweifeltem Kampfe, als wolle sie versuchen, sich unter ihren eigenen Trümmern hervorzuarbeiten.

Allein es war, als stürzten die Wogen von allen Seiten auf sie ein, um sie in der Höhle des Verderbens festzuhalten. Wilder Haß, tückische Bosheit schienen gegen sie anzukämpfen. Wie ein lebendes Wesen, das der Wut des Pöbels preisgegeben ist, wurde sie von ihren grimmigen Feinden umdrängt, geschlagen, in die Höhe gehoben, niedergeworfen, unter die Füße getreten. Kapitän Mac Whirr und sein Steuermann hielten fest aneinander. Der Tumult machte sie taub, der Sturm schloß ihnen den Mund wie mit einem Knebel, während der große Aufruhr der Natur, der ihren äußern Menschen umtobte, ihr Innerstes erschütterte, wie der Anblick eines ungezügelten Ausbruches roher Leidenschaft.

Ein grauenerregendes Kreischen, wie man es hie und da das stetige Heulen eines Sturmes übertönen hört, flog wie auf Flügeln über das Schiff hin. Jukes versuchte, es zu überschreien.

„Wird sie es aushalten?"

Der Schrei hatte sich ihm vom Herzen losgerungen; er kam so unwillkürlich, wie der Gedanke im Kopfe entsteht, und Jukes hörte seine eigenen Worte nicht. Er erwartete auch keine Antwort darauf. Gewiß nicht. Welche Antwort hätte er auch erwarten können? Aber nach einer kleinen Weile vernahm sein Ohr zu seinem Erstaunen die schwache und doch durchdringende Stimme, den Zwergenlaut, den der Riesentumult nicht zu unterdrücken vermochte.

„Kann sein!"

Es war nur ein undeutlicher Schrei, schwerer zu verstehen, als ein Flüstern. Und die Stimme fuhr fort zu sprechen. „Hoffen wir es!" rief sie. Dann hörte Jukes nur noch die abgerissenen Worte: „Schiff – dies – nie – trotzdem – das Beste hoffen."

Jukes hatte es aufgegeben. Als sei dem Sprecher plötzlich in den Sinn gekommen, worauf es in solchem Sturme ankommt, gewann seine Stimme Kraft und Festigkeit zu den letzten, abgebrochenen Rufen: „Ihre Erbauer – zuverlässige Leute – – kann sein – – Maschinen – – Rout – – tüchtiger Mann."

Der Kapitän nahm seinen Arm von Jukes' Schultern und hörte damit für diesen zu existieren auf; so dunkel war es. Jukes, dessen Muskeln eben noch straff gespannt gewesen, fühlte sich wie gelähmt an allen Gliedern. Neben der nagenden Empfindung tiefen allgemeinen Unbehagens machte sich eine unglaubliche Schläfrigkeit bei ihm geltend, als ob die empfangenen Stöße und Schläge ihn betäubt hätten. Der Sturm packte seinen Kopf und wollte ihn ihm von den Schultern reißen. Seine von Wasser triefenden Kleider waren schwer wie Blei und kalt wie eine Rüstung von schmelzendem Eise; er fror – es dauerte so lange; und während er sich mit seinen Händen krampfhaft festhielt, erlag er innerlich unter der Last körperlichen Elendes. Sein eigenes Ich stand im Mittelpunkt seiner trüben, hilflos wandernden Gedanken, und als plötzlich von hinten her ein unbekanntes Etwas leicht gegen seine Kniee anstieß, erschrak er, wie man sagt, zu Tode.

In seiner Bewegung nach vorn stieß er an den Rücken des Kapitäns, der sich nicht rührte. Jetzt erfaßte eine Hand sein Bein. Eine unheimliche Stille war eingetreten, ein Atemanhalten des Sturmes. Jukes fühlte sich von unten bis oben betastet. Es war der Bootsmann. Jukes erkannte seine Hände, die so ungeheuerlich groß und breit waren, als ob sie einer neuen Art der Gattung „Mensch" angehörten.

Auf allen Vieren gegen den Wind kriechend, hatte der Bootsmann die Brücke erreicht und war mit seinem Kopfe an die Beine des ersten Steuermannes gestoßen. Sofort kroch er näher und begann Jukes' ganze Person von unten auf zu untersuchen, sanft und rücksichtsvoll, wie es sich für einen Untergebenen schickt.

Er war ein kleiner, häßlicher, plumper Seemann in den Fünfzigerjahren und glich mit seinen struppigen Haupt- und Barthaaren, kurzen Beinen und langen Armen einem alten Affen. Seine Körperkraft war ungewöhnlich groß; seine breiten Tatzen, die wie braune Fausthandschuhe am Ende der haarbedeckten Vorderarme saßen, handhaben die schwersten Lasten wie ein Spielzeug. Abgesehen von dem graugesprenkelten Pelze auf seiner Brust, seiner mürrischen Miene und rauhen Stimme wies er keines von den gewöhnlichen Merkmalen seiner Klasse auf. Seine Gutmütigkeit grenzte an Dummheit: die Leute konnten mit ihm anfangen, was sie wollten. Er war eine gemächliche, redselige Natur, der keine Spur von Initiative innewohnte. Jukes hegte aus diesen Gründen eine Abneigung gegen ihn, während Kapitän Mac

Whirr in ihm, wie Jukes mit spöttischer Verachtung bemerkt hatte, einen besonders tüchtigen Unterbeamten sah.

Jetzt richtete sich der Bootsmann an Jukes' Rock empor, indem er sich diese Freiheit mit möglichster Zurückhaltung und nur, soweit der Sturm ihn dazu nötigte, herausnahm.

„Was gibt's, Bootsmann? Was gibt's?" schrie Jukes ungeduldig. Was konnte dieser Strohmann von Bootsmann auf der Brücke wollen? Der Taifun hatte sich Jukes auf die Nerven gelegt. Das heisere Bellen des andern schien, so unverständlich es ihm war, die höchste Befriedigung auszudrücken. Kein Zweifel, der alte Narr war über irgend etwas erfreut.

Des Bootsmannes andre Hand hatte noch einen andern Körper gefunden, denn in verändertem Tone begann er zu fragen: „Sind Sie's, Herr Kapitän? Sind Sie's, Herr Kapitän?"

„Ja!" schrie Kapitän Mac Whirr.

Viertes Kapitel

Alles, was der Kapitän von dem Geschrei des Bootsmannes verstehen konnte, war die sonderbare Mitteilung: „All die Chinesen im vordern Zwischendeck sind toll geworden!"

Jukes stand leewärts und hörte das nur sechs Zoll weit von seinem Gesichte laut schreiend geführte Gespräch der beiden, wie man etwa in einer ruhigen Nacht zwei Männer, die eine halbe Meile weit entfernt sind, sich über ein Feld hin besprechen hört. Er vernahm Kapitän Mac Whirrs aufgeregtes: „Wie? Was?" und die angestrengte, heisere Stimme des andern. „In einem Klumpen

– – hab' sie selbst gesehen – schauerlicher Anblick – – Herr – dachte – Ihnen sagen."

Jukes blieb gleichgültig, als sei er aller Verantwortung überhoben angesichts der überwältigenden Macht des Sturmes, die den Gedanken an irgend welches Handeln auszuschließen schien. Außerdem vermochte er bei seiner Jugend nur mit Aufbietung aller Kraft sich innerlich gegen das Schlimmste zu wappnen, so daß er eine starke Abneigung gegen jede anderweitige Betätigung verspürte. Er war kein Feigling; das sagte er sich angesichts der Tatsache, daß er ruhig blieb bei dem Gedanken, den andern Morgen nicht mehr zu erleben.

Es sind das die Augenblicke tatlosen Heldentums, wie sie auch tüchtige Männer kennen. Gewiß werden viele Seeleute sich eines Falles aus ihrer Erfahrung erinnern, wo der gleiche unheilvolle Zustand starrer Apathie sich einer ganzen Schiffsbemannung bemächtigte. Jukes dagegen kannte Menschen und Stürme noch nicht aus Erfahrung. Er hielt sich für ruhig, unerschütterlich ruhig; in Wirklichkeit aber war er niedergeschlagen, mutlos – so weit eben ein anständiger Mann dies sein kann, ohne sich selbst zum Ekel zu werden.

Ohne daß er sich selbst dessen bewußt geworden wäre, hatte der langandauernde Kampf mit dem Sturm seinen Geist gewaltsam betäubt. Die körperliche und seelische Spannung während der endlos scheinenden Katastrophe war zu groß; es erforderte an sich schon Anstrengung, in dem überwältigenden Tumulte seine Existenz zu behaupten, und diese Anstrengung machte sich in einer ungeheuren Müdigkeit geltend. Es war jene Müdigkeit, die sich mit unwiderstehlicher, berückender Gewalt des Menschen bemächtigt, ihm Mut und Hoffnung benimmt –

jene unüberwindliche Müdigkeit, die nichts will als Ruhe, Ruhe, und diese allen Schätzen der Welt – ja dem Leben selbst – vorzieht.

Noch hielt Jukes sich aufrecht. Er war sehr naß, sehr kalt und steif an allen Gliedern, und wie im Traume zogen im Fluge die verschiedensten Bilder an ihm vorüber – Erinnerungen aus seinem Leben, die nicht im mindesten mit seiner jetzigen Lage im Zusammenhang standen (man sagt, daß Ertrinkende auf diese Weise ihr ganzes vergangenes Leben überschauen). Er sah zum Beispiel seinen Vater, einen achtbaren Geschäftsmann, der in einer unglücklichen Krisis seiner Angelegenheiten stille zu Bett gegangen war und ruhig das Zeitliche gesegnet hatte. Jukes vermochte sich selbstverständlich nicht alle Einzelheiten des Falles vorzustellen, aber ohne daß es ihn sonderlich bewegt hätte, erblickte er das Gesicht des armen Mannes deutlich vor sich. Im nächsten Augenblick sah er sich als halbwüchsigen Jungen an Bord eines Schiffes in der Tafelbai, das seitdem mit Mann und Maus untergegangen war, bei einem gewissen Spiele, das er damals mit seinen Genossen häufig gespielt hatte. Jetzt schwebten ihm die dicken Augenbrauen seines ersten Kapitäns vor, und dann wieder erinnerte er sich seiner nun auch verstorbenen Mutter – wie er etwa vor Jahren ohne Gemütsbewegung irgendwelcher Art in ihr Zimmer getreten war und sie dort in einem Buche lesend gefunden hatte – die tatkräftige, in mißlichen Verhältnissen zurückgebliebene Frau, die seine Erziehung mit so sicherer Hand geleitet hatte.

Nicht länger als eine Sekunde mochte er geträumt haben; da warf sich ein schwerer Arm auf seine Schultern und Kapitän Mac Whirr rief ihm ins Ohr: „Jukes! Jukes!"

Die Stimme klang sorgenvoll und bekümmert. Der Sturm hatte sich mit voller Wucht auf das Schiff geworfen und suchte es in der Tiefe der Wogen festzuhalten. Das vereinte Gewicht der Sturzseen drohte es zu zerschmettern. Die schaumgekrönten Häupter der das Schiff umbrandenden Wogen strahlten ein gespenstisches Licht aus – das Licht des Meerschaumes, das in wildem, fahlem Aufleuchten das haushohe Aufwallen, den Niederfall und das tolle Spiel jeder einzelnen Woge mit dem stark mitgenommenen Schiffskörper erkennen ließ. Nicht für einen Augenblick mehr konnte sich das Schiff vom Wasser freischütteln. Der halberstarrte Jukes sah in seinen Bewegungen nur noch ein hilfloses Zappeln. Sich vernünftig zu wehren, war ihm nicht mehr möglich. Der Anfang vom Ende war da, und der Ton geschäftiger Sorge, der aus seines Kapitäns Stimme sprach, berührte Jukes unangenehm, als etwas Törichtes, Unzeitgemäßes.

Jukes stand im Banne des Sturmes, war von ihm an Leib und Seele gefesselt und gänzlich hingenommen, ja er hatte sich ihm gebeugt in einer Art dumpfer, starrer Ehrfurcht. Kapitän Mac Whirr fuhr fort ihn anzurufen, allein der Wind legte sich wie ein dicker Keil zwischen sie. Der starke Mann hing schwer wie ein Mühlstein am Halse seines ersten Steuermannes, und plötzlich stießen ihre Köpfe zusammen: „Jukes! Herr Jukes! Hören Sie nicht?"

Jukes mußte der Stimme antworten, die nicht schweigen wollte, und er tat es in der hergebrachten Weise: „Ja, Herr Kapitän." Und sein Herz, das vom Sturme überwältigt, nur noch das eine Verlangen nach Ruhe kannte, empörte sich gegen die Tyrannei von Zucht und Gebot.

Kapitän Mac Whirr hielt den Kopf seines Steuermannes in der Biegung seines Ellbogens fest gefangen und preßte ihn gegen seinen schreienden Mund. Dann und wann unterbrach ihn Jukes mit einem ängstlich warnenden: „Sehen Sie sich vor, Herr Kapitän!" und der Kapitän hinwieder rief den beiden neben ihm eine dringende Mahnung zu, sich festzuhalten, während das ganze schwarze All mitsamt dem Schiffe zu beben schien. Ein Augenblick bangen Harrens – noch war das Schiff flott. Und Kapitän Mac Whirr begann aufs neue: „... sagt ... der ganze Haufe ... wie toll ... sollte Nachsehen, was geschehen ist."

Sobald der Sturm mit voller Macht losgebrochen war, war jeder Teil des Decks unhaltbar geworden, und die erschrockenen und betäubten Matrosen hatten sich in den Backbordgang unter der Brücke geflüchtet. Dieser hatte nach hinten eine Tür, die sie zumachten. Es war ein dunkler, unbehaglicher Aufenthalt. Bei jeder heftigeren Bewegung des Schiffes stöhnten sie alle zusammen laut auf. Der Bootsmann versuchte, ein Gespräch im Gange zu erhalten, aber eine unvernünftigere Bande, sagte er nachher, sei ihm noch nie vorgekommen. Sie hatten's da unten gut genug, meinte er, waren außer Gefahr und hatten auf der Welt nichts zu tun, und trotzdem hörten sie nicht auf zu jammern und zu klagen, wie ein Haufe kranker Kinder. Schließlich sagte einer, es wäre nicht so schlimm, wenn man wenigstens ein Licht hätte, daß doch einer des andern Nase sehen könnte. Es sei zum Verrücktwerden, erklärte er, so im Dunkeln zu liegen und auf das Sinken des elenden Huckers zu warten.

„Warum gehst du dann nicht hinaus und läßt dich lieber gleich ersäufen?" fragte ihn der Bootsmann, worauf sich ein Geschrei der Entrüstung erhob. Man überhäufte ihn mit Vorwürfen aller Art.

Die Leute schienen es übel zu nehmen, daß nicht sofort eine Lampe für sie aus nichts erschaffen wurde. Sie winselten wahrhaftig nach einem Lichte, um dabei ertrinken zu können. Und obwohl die Unvernunft ihres Geredes sonnenklar war, da niemand hoffen konnte, das auf dem Vorderschiff gelegene Lampenzimmer zu erreichen, so fing der Bootsmann doch an, sich ernstlich zu bekümmern. Es kränkte ihn, daß sich alle gegen ihn wandten, und er sagte es ihnen; allein er empfing nur Schmähungen als Antwort, worauf er grollend schwieg. Während sie fortfuhren ihn durch ihr Murren und Klagen zu ärgern und zu quälen, fiel ihm ein, daß im Zwischendeck sechs Kugellampen hingen und daß es nichts schaden könne, den Kulis eine davon wegzunehmen.

Die „Nan-Shan" hatte eine quer durch das untere Schiff laufende Kohlenkammer, die zuzeiten als Lagerraum benützt wurde und durch eine eiserne Tür mit dem vorderen Zwischendeck in Verbindung stand. Diese Kammer war augenblicklich leer. Sie hatte eine Öffnung in den Raum unter der Brücke, gerade groß genug, daß ein Mann hindurchschlüpfen konnte. So war es dem Bootsmann möglich, hineinzugelangen, ohne auf Deck hinauszugehen. Zu seiner großen Verwunderung fand sich niemand bereit, ihm den Verschluß von der Öffnung wegnehmen zu helfen. Er tappte trotzdem suchend darauf zu, aber einer von den Leuten lag ihm im Wege und wollte sich nicht von der Stelle rühren. „Ich will euch ja nur das verwünschte Licht holen, nach dem ihr schreit," hielt er ihm vor. Da sagte einer, er solle gehen und seinen Kopf in einen Sack stecken. Es tat ihm leid, daß er die Stimme nicht erkennen konnte und daß es zu dunkel war um zu sehen, sonst würde er es dem da ordentlich besorgt haben. Doch er hatte sich's einmal in den Kopf gesetzt, den Kerlen zu zeigen, daß er ein Licht herbeischaffen könne, und wenn er darum sterben müßte.

Das Schiff schlingerte so heftig, daß jede Bewegung erschwert, ja gefährlich war; auf dem Boden zu liegen, schien schon Arbeit genug. Beinahe hätte er den Hals gebrochen, als er sich in den Kohlenraum hinunterfallen ließ. Er fiel auf den Rücken und wurde nun von einer Seite auf die andre geworfen, und zwar in der gefährlichen Gesellschaft eines schweren eisernen Gegenstandes, wahrscheinlich einer Schaufel, die ein Kohlenlader hatte liegen lassen. Dieses Ding regte ihn so auf, als ob es ein wildes Tier gewesen wäre. Er konnte es nicht sehen, denn die Innenseite des Raumes war durch den daran haftenden Kohlenstaub schwarz wie die Nacht; aber er hörte es gleiten und klirren und da und dort aufschlagen, immer in der Nähe seines Kopfes. Es machte auch einen ganz außerordentlichen Lärm – ja es schien gewaltige Püffe auszuteilen, als ob es so groß wie ein Brückenträger wäre. Er konnte nicht umhin, dies alles zu bemerken, während er hilflos zwischen Backbord und Steuerbord hin und her geworfen wurde, wobei er verzweifelte Anstrengungen machte, sich an den glatten Wänden des Raumes festzuklammern, um einen Halt zu gewinnen. Da die Tür ins Zwischendeck nicht genau schloß, konnte er an ihrem unteren Ende einen schmalen Streifen schwachen Lichtes sehen.

Schließlich gelang es dem noch rüstigen Manne und tüchtigen Matrosen doch, auf die Füße zu kommen, und das Glück wollte es, daß er im Aufstehen die fatale Kohlenschaufel in die Hand bekam und sie festhalten konnte. Er hätte sonst fürchten müssen, das unselige Ding möchte ihm die Beine zerschmettern oder ihn aufs neue zu Fall bringen. Eine Weile stand er ganz still. Er fühlte sich unsicher und unbehaglich in dieser schauerlichen Finsternis, in der die Bewegungen des Schiffes ganz ungewohnt und unberechenbar erschienen, so daß man sich nicht dagegen vorsehen konnte. Der Kopf schwindelte ihm dermaßen, daß er nicht wagte, sich zu rühren, aus Furcht, nochmals das Gleichgewicht zu verlieren. Er hatte durchaus keine Lust, sich in dem Loche da unten zerschmettern zu lassen.

Zweimal hatte er seinen Kopf aufgeschlagen, so daß er ordentlich betäubt war. Es war ihm, als höre er immer noch das Klirren und Schlagen des Eisens, wie es ihm um die Ohren geflogen war, und er faßte es fester, wie um sich selbst zu beweisen, daß er es sicher in der Hand hielt. Er empfand eine unbestimmte Verwunderung über die Deutlichkeit, mit der man hier unten den Sturm hören konnte. In der hohlen Leere des ihn umgebenden Raumes schien ihm dessen Heulen und Ächzen etwas Menschliches zu haben, menschliche Wut und Pein auszudrücken – es klang weniger gewaltig, aber um so schärfer, durchdringender. Und seltsam – bei jedem Rollen des Schiffes hörte man einen starken, gewichtigen Schlag, als ob ein großer Gegenstand von fünf Tonnen Gewicht oder mehr umhergeschleudert würde. Aber der Kohlenraum war ja leer. War es etwa auf Deck? Unmöglich. Oder auf der Längsseite? Das konnte nicht sein.

All das überdachte er schnell, mit der Klarheit und Sachverständigkeit des echten Seemanns, ohne klug daraus werden zu können.

Der Lärm schien von außen zu kommen, und er konnte ihn deutlich von dem Rauschen des Wassers auf Deck über seinem Kopf unterscheiden. War es der Wind? Der mußte es wohl sein.

Hier unten war es, als hörte man das Geschrei einer tollgewordenen Menschenmenge. Er empfand nun auch den Wunsch, ein Licht zu haben – und wäre es nur um dabei zu ertrinken – und zugleich das ängstliche Verlangen, so schnell als möglich aus diesem Loche herauszukommen.

So zog er denn den Riegel zurück, und die schwere eiserne Tür drehte sich in ihren eisernen Angeln. Da war es, als habe er dem Getöse des Sturmes die Tür geöffnet. Ein vielstimmiges, heiseres Kreischen schlug an sein Ohr – der Sturm draußen und das Rauschen des Wassers oben wurde von einem Schwall halberstickter Kehllaute übertönt. Der Bootsmann spreizte seine Beine über die ganze Breite der geöffneten Tür und reckte spähend den Hals. Zuerst bemerkte er nur, was er zu suchen gekommen war: sechs kleine gelbe Flammen, die in der sie umgebenden Finsternis heftig hin und her schwangen.

Wie ein Minengang wurde der Raum von einer Reihe eiserner Träger gestützt, auf denen weithin ins Dunkel sich verlierende Kreuzbalken ruhten. Gegen Backbord erblickte der Bootsmann, wie in die Seitenwand eingesenkt, eine unförmliche Masse, deren Umrisse beständig wechselten. Der ganze Raum mit allen Gestalten und Schatten darin war in fortwährender Bewegung. Der Bootsmann riß die Augen auf: das Schiff rollte nach Steuerbord, und jene unheimliche Masse stieß ein lautes Geheul aus.

Holzstücke flogen durch die Luft – Planken, meinte der erschreckte Bootsmann, und warf den Kopf zurück. Vor seinen Füßen glitt ein Mann vorbei, mit offenen Augen auf dem Rücken liegend, die erhobenen Arme in die leere Luft streckend. Ein anderer kam, wie ein losgelöster Stein, mit dem Kopf zwischen den Beinen und mit fest geballten Händen daher geflogen; sein Zopf wippte in der Luft; er tat einen Griff nach den Beinen des Bootsmannes, und aus seiner geöffneten Hand rollte eine kleine, glänzend weiße Scheibe dem Bootsmann vor die Füße, der vor Erstaunen aufschrie, als er einen Silberdollar erkannte.

Unter dem Geräusche hastig trampelnder und gleitender bloßer Füße und erneutem heiserem Geschrei löste sich der gegen Backbord aufgehäufte Wall krampfhaft verschlungener Körper von dieser Seite des Schiffes los und glitt nach Steuerbord hinüber, wo die zappelnde Masse mit dumpfem, schwerem Falle aufschlug.

Das Schreien verstummte. An seiner Statt vernahm der Bootsmann durch das Heulen und Pfeifen des Sturmes ein anhaltendes Stöhnen; er sah ein scheinbar unlösbares Gewirre von Köpfen und Schultern, in die Höhe stehenden nackten Sohlen, erhobenen Fäusten – von Rücken, Beinen, Zöpfen und Gesichtern.

„Guter Gott!" schrie er voll Entsetzen und schlug die Türe zu vor dem grauenvollen Anblick.

Das war es, was zu erzählen er auf die Brücke gekommen war. Er konnte es unmöglich für sich behalten, und es gab an Bord nur einen einzigen Menschen, dem gegenüber es sich der Mühe lohnte, sich auszusprechen. Auf seinem Rückwege überhäuften ihn die Matrosen mit Verwünschungen. Warum brachte er nicht endlich die Lampe? Was zum Teufel kümmerte man sich um die Kulis?

Als er aufs Deck herauskam, ließ die Not und Gefahr des Schiffes selbst alles, was in dessen Innerem vor sich ging, klein und unwichtig erscheinen. Zuerst glaubte er, die „Nan-Shan" sei eben im Begriff zu sinken. Die auf die Brücke führende Treppe war weggeschwemmt; allein eine ungeheure See, die das Hinterdeck überflutete, hob ihn hinauf. Eine Zeitlang mußte er auf dem Bauche liegen bleiben, während er sich an einem Ringbolzen festhielt – in Absätzen atmend und Salzwasser schluckend. Dann arbeitete er sich auf Händen und Füßen vorwärts, da seine Furcht und sein Entsetzen zu groß waren, als daß er hätte umkehren mögen. So erreichte er den hinteren Teil des Steuerhauses. An dieser verhältnismäßig geschützten Stelle fand er den zweiten Steuermann, wodurch er sich angenehm überrascht fühlte, da er geglaubt hatte, es müßte längst jedermann auf Deck weggewaschen worden sein. Eifrig fragte er, wo der Kapitän sei.

Der zweite Steuermann lag auf dem Boden zusammengekauert wie ein boshaftes kleines Tier unter einer Hecke.

„Der Kapitän? über Bord geschwemmt natürlich, nachdem er uns ins Unglück gebracht. Der erste Steuermann jedenfalls desgleichen. Ein ebenso großer Narr. Was liegt daran? Ein wenig früher oder später – kann nichts ausmachen."

Der Bootsmann kroch wieder in den Bereich des Sturmes hinaus, nicht weil er hoffte, noch jemand finden zu können, wie er sagte, sondern nur um von „diesem Manne" wegzukommen. Er kroch hinaus wie ein Ausgestoßener, der den Kampf mit einer unbarmherzigen Welt aufnimmt. Daher seine große Freude, als er Jukes und den Kapitän fand. Was im Zwischendeck vor sich ging, erschien ihm jetzt von geringerer Wichtigkeit. Auch war es schwer, sich verständlich zu machen. So berichtete er nur kurz, was er gesehen hatte und zu erzählen gekommen war. Die

Matrosen seien gut aufgehoben, fügte er hinzu. Dann ließ er sich beruhigt in sitzender Stellung auf Deck nieder, mit Armen und Beinen den Telegraphen des Maschinenraumes umklammernd – eine Eisenstange von der Dicke einer mäßigen Säule. Wenn diese den Elementen wich, ei, so mußte er wohl auch weichen. An die Kulis dachte er nicht mehr.

Kapitän Mac Whirr hatte Jukes bedeutet, er solle hinuntergehen und nachsehen.

„Was soll ich dann tun, Kapitän?“ Das Zittern, das durch seinen ganzen nassen Körper ging, machte Jukes' Stimme einem Blöken ähnlich.

„Sehen Sie erst – – Bootsmann sagte – – –“

„Der verfluchte Narr!“ heulte der schlotternde Jukes.

Die Ungeheuerlichkeit der an ihn gestellten Zumutung empörte ihn. Er war so wenig geneigt, zu gehen, als ob in dem Augenblick seines Gehens das Schiff unfehlbar sinken müßte.

„Ich muß es wissen – – – kann nicht – –“

„Sie werden sich wieder beruhigen, Herr – –“

„Sie kämpfen – – Bootsmann sagt – – Warum? Kann keinen Kampf – – Schiff – – haben. Behielte Sie lieber hier – – Fall – – ich selbst – – Bord geschwemmt würde – – Bringen Sie – – zur Ordnung – – irgendwie. Sehen Sie nach und berichten – – durch – Sprachrohr – – – Maschinenraum. Sie sollen nicht öfter herauf kommen. Gefährlich – – auf Deck – – bewegen.“

Jukes, der sich mit seinem Kopfe in der Gefangenschaft des Sprechenden befand, war gezwungen zu hören.

„Möchte nicht – Sie zu Grunde gehen – so lange – Schiff nicht – Rout – tüchtiger Mann – Schiff – kann noch – alles – durchkommen."

Endlich wurde es Jukes klar, daß er gehen müsse. „Glauben Sie wirklich?" schrie er.

Aber der Sturm verschlang die Antwort – nur das eine, mit großem Nachdruck gesprochene Wort „immer" vermochte Jukes zu verstehen.

Kapitän Mac Whirr ließ ihn los, beugte sich zu dem Bootsmann nieder und schrie: „Gehen Sie mit dem Steuermann wieder hinunter." Jukes fühlte, daß der Arm von seinen Schultern genommen war. Er hatte seine Befehle empfangen und konnte gehen – um was zu tun? In seiner Aufregung war er unvorsichtig genug, seinen Halt fahren zu lassen, und sofort wurde er vom Sturme erfaßt und weiter getrieben, so daß er meinte, er werde rettungslos über das Heck fliegen. Eilig warf er sich nieder, so daß der Bootsmann, der ihm folgte, auf ihn fiel.

„Bleiben Sie nur liegen, Herr," schrie dieser, „'s hat keine Eile." Eine Woge ging über sie hin. Aus der sprudelnden Rede des Mannes entnahm Jukes soviel, daß die Treppe weggerissen sei. „Ich werde Sie an den Händen hinunterlassen, Herr," schrie der Bootsmann und fügte die tröstliche Bemerkung hinzu, daß der Schornstein wohl auch bald über Bord gehen werde. Jukes hielt dies für sehr wahrscheinlich und sah im Geiste die Feuer erlöschen, das Schiff hilflos ...

Der Bootsmann an seiner Seite fuhr fort zu schreien. „Was? Was ist?" rief Jukes in Verzweiflung; und der andre wiederholte: „Was würde meine Alte sagen, wenn sie mich jetzt sehen könnte?"

In den Backbordgang war reichlich Wasser eingedrungen, dessen Plätschern und Gurgeln den Eintretenden ans Ohr schlug. In todähnlicher Ruhe saßen und lagen die Leute in der Finsternis beisammen, bis Jukes über einen von ihnen stolperte und ihn zornig fluchend schalt, daß er im Wege liege. Jetzt fragten mehrere Stimmen eifrig: „Ist noch Rettung möglich, Herr?"

„Was ist denn mit euch Narren?" fragte er seinerseits barsch. Es war ihm, als könne er sich mitten unter sie hinlegen, um sich nicht mehr zu rühren. Aber seine Worte schienen sie aufgemuntert zu haben; und unter sorglichen Warnungen, wie: „Geben Sie acht, Herr! Stoßen Sie sich nicht, Herr!" wurde er von diensteifrigen Händen in die Kohlenkammer hinabgelassen. Der Bootsmann fiel nach ihm hinunter und sobald er sich aufgerappelt hatte, bemerkte er: „Sie würde sagen: ›Es geschieht dir recht, alter Narr; warum gehst du zur See?‹"

Der Bootsmann war nicht unbemittelt und ließ dies gerne merken. Seine Frau – eine rundliche Erscheinung – führte mit zwei erwachsenen Töchtern ein Grünzeuggeschäft im Ostende von London.

Während Jukes sich mit aller Mühe fest auf seine Beine zu stellen suchte, vernahm er einen Lärm wie von schwachen Donnerschlägen. Dicht neben sich glaubte er halbersticktes Schreien zu hören, das von dem Tosen des Sturmes begleitet wurde. Der Kopf schwindelte ihm. Die Bewegungen des Schiffes kamen auch ihm hier unten ganz ungewöhnlich und gefahrdrohend vor; sie ängstigten ihn und lähmten seine Willenskraft, wie wenn er ein Neuling auf See gewesen wäre.

Am liebsten wäre er wieder hinausgeklettert; allein die Erinnerung an Kapitän Mac Whirrs Stimme ließ dies nicht zu. Er hatte Befehl, zu gehen und nachzusehen. – Natürlich würde er Nachsehen, sagte er sich, innerlich wütend. Der unsicher hin und her stolpernde Bootsmann ermahnte ihn, ja vorsichtig zu sein beim Öffnen der Tür, da die Chinesen drinnen auf Tod und Leben kämpften. Und wie in großem körperlichem Schmerze fragte Jukes in gereiztem Tone, um was zum Teufel sie denn kämpften.

„Um Dollars, Herr! Um Dollars! All ihre wurmstichigen Kisten sind aufgebrochen. Das Geld rollt überall herum, und sie stürzen sich wie verrückt darauf – schlagen und beißen sich, daß es eine Art hat. Eine richtige Hölle ist da drinnen.“

Krampfhaft öffnete Jukes die Tür; der kleine Bootsmann guckte unter seinem Arme durch.

Eine der Lampen war ausgegangen, vielleicht zerbrochen worden. Wütende Kehllaute drangen den Eintretenden entgegen und ein sonderbares Keuchen – das Arbeiten all der überangestrengten Brustkasten. Ein schwerer Stoß traf die Seite des Schiffes; mit betäubender Gewalt hörte man oben das Wasser aufschlagen. Im Vordergrund der dicken rötlichen Atmosphäre sah Jukes hier einen Kopf heftig aufs Deck ausschlagen, dort zwei dicke Waden in die Höhe stehen, sehnige Arme einen nackten Körper umschlingen, ein gelbes Gesicht mit offenem Munde und wildem, starrem Blick auftauchen und wieder verschwinden. Eine leere Kiste fiel, sich überschlagend, geräuschvoll zu Boden. Mit dem Kopfe voran, wie durch einen Fußtritt in Bewegung gesetzt, flog ein Mann durch die Luft, während im Hintergrund andre wie ein Haufe rollender Steine einen Abhang hinunter zu gleiten schienen, das Deck mit ihren Füßen stampfend und wild die Arme schwingend. Die zur Luke hinaufführende Treppe war mit Kulis beladen; sie hingen daran wie schwärmende Bienen an einem Baumaste. In einem unruhig bewegten Klumpen kauerten sie auf den Stufen. Einige schlugen wie toll mit den Fäusten gegen die verlattete Luke. Jetzt neigte sich das Schiff stärker und sie fingen an herunterzufallen – erst einer, dann zwei, dann alle übrigen mit lautem Kreischen.

Jukes stand starr vor Entsetzen. Der Bootsmann mahnte ihn mit rauher Sorglichkeit: „Daß Sie mir ja nicht hineingehen, Herr!“

Der ganze Raum schien sich um sich selbst zu drehen und unaufhörlich auf und nieder zu wippen, und wenn das Schiff von einer See in die Höhe gehoben wurde, meinte Jukes nicht anders, als daß alle Chinesen in geschlossenem Haufen auf ihn zuschießen müßten. Er trat rückwärts aus der Tür, schlug sie zu und verriegelte sie mit zitternden Händen.

***

Sobald sein Steuermann ihn verlassen, hatte der allein auf der Brücke zurückgebliebene Kapitän sich seitwärts gewandt und war nach dem Steuerhause gewankt. Da dessen Tür nach außen aufging, mußte er dem Sturme den Eintritt abringen, und als er endlich hineinkam, geschah es mit großem Lärm und einem Schlage, als ob er durch das Holz hindurch gefeuert worden wäre. Nun stand er drinnen und hielt sich am Türgriff. Der Steuerapparat war nicht mehr dampfdicht; ein dünner, weißer Nebel erfüllte den beschränkten Raum, in dem das Glas des Kompaßgehäuses ein glänzendes Oval von Licht bildete. Der Sturm heulte und pfiff und stieß dazwischen in dröhnenden Schlägen gegen Türen und Läden, begleitet von heftig aufprasselnden Schauern. Das Rostwerk am Boden schwamm beinahe schon; mit jeder neuen See drang das Wasser stärker zu allen Ritzen um und neben der Tür herein. Der Mann am Steuer hatte Mütze und Rock weggeworfen und stand, gegen das Gehäuse der Steuermaschine gestemmt, in einem auf der Brust offenen, gestreiften Baumwollhemde da. Das kleine Messingrad in seinen Händen sah aus wie ein zierliches Spielzeug. Die Sehnen an seinem Halse traten stark hervor, ein dunkler Flecken lag in seiner Halsgrube und sein Gesicht war eingesunken und leblos wie das eines Toten.

Kapitän Mac Whirr wischte sich die Augen. Die See, die ihn beinahe über Bord gespült hätte, hatte ihm zu seinem großen Verdruß den Südwester vom kahlen Haupte gerissen. Sein flaumiges, helles Haar war naß und dunkel, so daß es aussah, als ob ein Strang grober Baumwollfäden um seinen bloßen Schädel geschlungen wäre. Sein vom Seewasser glänzendes Gesicht war vom Winde und dem Anprall des Flugwassers dunkel gerötet. Er sah aus, als käme er in Schweiß gebadet von der Seite eines glühenden Ofens.

„Sie hier?“ murmelte er dumpf. Der zweite Steuermann hatte kurz vorher den Weg ins Steuerhaus gefunden. Er hatte sich in einer Ecke niedergelassen und saß nun da, die Knie hinaufgezogen, eine Faust gegen jede Schläfe gepreßt; aus seiner Haltung sprachen Wut, Bekümmernis, hoffnungslose Ergebung und eine Art hartnäckigen Grolles. In kläglichem und zugleich trotzigem Tone sagte er: „Nun, ich habe ja die Wache unten, nicht wahr?“

Die Steuermaschine rasselte, setzte aus, rasselte wieder; die Augäpfel des Steuermannes traten aus seinem hungrigen Gesichte hervor, als ob die Windrose hinter dem Glase eßbar gewesen wäre. Gott weiß, wie lange man ihn am Steuer gelassen hatte; all seine Schiffsgenossen schienen ihn vergessen zu haben. Keine Glocke hatte geschlagen; keine Ablösung war erfolgt. Der Sturm hatte die Schiffsordnung verweht. Der Mann am Steuer aber versuchte noch immer das Schiff gegen Nord-Nordost zu halten, mochte das Ruder nicht mehr vorhanden sein, mochten die Feuer erloschen, die Maschinen zerbrochen, das Schiff bereit sein, im nächsten Augenblick wie ein Leichnam auf die Seite zu fallen. Er mußte sich alle Mühe geben, nicht irre zu werden und die Richtung nicht zu verlieren, da die Windrose weithin nach beiden Richtungen schwang, ja sich manchmal rundherum zu drehen schien. Er litt schwer unter der langandauernden geistigen Anspannung. Dabei fürchtete er beständig, das Steuerhaus möchte weggerissen werden – Berge von Wasser schlugen fortgesetzt dagegen. Wenn das Schiff in die Tiefe hinabtauchte, zuckte es nervös um seine Mundwinkel.

Kapitän Mac Whirr hob den Blick zur Wanduhr empor, deren schwarze Zeiger auf dem weißen Zifferblatts ganz still zu stehen schienen. Es war halbzwei Uhr morgens.

„Ein neuer Tag!" murmelte er vor sich hin.

Der zweite Steuermann hörte es, und den Kopf erhebend mit der Miene eines Menschen, der unter Trümmern klagt, rief er: „Sie werden ihn nicht anbrechen sehen," während seine Kniee und seine Handgelenke heftig schlotterten. „Nein, bei Gott! Sie werden's nicht!"

Wieder nahm er sein Gesicht zwischen seine Fäuste.

Der Mann am Steuer hatte leicht den Körper bewegt, während sein Kopf sich so wenig rührte wie ein Haupt von Stein auf einer

Säule. Während einer heftigen Bewegung des Schiffes, die ihm aufs Haar die Beine weggerissen hätte, und während er noch schwankend sich in Sicherheit zu bringen suchte, sagte Kapitän Mac Whirr streng: „Hören Sie ja nicht auf das, was dieser Mann sagt." Und mit einer undefinierbaren Veränderung des Tones fügte er sehr ernst hinzu: „Er ist nicht im Dienst."

Der Matrose erwiderte nichts.

Der Sturm tobte und rüttelte an dem kleinen Hause, das luftdicht zu sein schien, und das Licht des Kompaßhauses flackerte unruhig.

„Sie sind nicht abgelöst worden," fuhr Kapitän Mac Whirr fort, die Augen auf den Boden geheftet. „Ich wünsche trotzdem, daß Sie so lang, als Sie können, am Steuer bleiben. Sie sind jetzt im Zuge. Käme jetzt ein anderer her, so könnte er alles verderben. Darf nicht sein. Kein Kinderspiel. Und die Matrosen sind wahrscheinlich unten anderweitig beschäftigt – meinen Sie, daß Sie's leisten können?"

Der Steuerapparat rasselte jäh auf und stand plötzlich still. Von den Lippen des stillen Mannes mit dem regungslosen Blick aber kam es, als ob alle verhaltene Leidenschaft in ihm sich in seine Worte drängte: „Beim Himmel, Herr Kapitän! Ich kann in Ewigkeit steuern, wenn man mich in Ruhe läßt."

„Ah, so! Ja ja! ... Schon gut ..." Zum ersten Male sah der Kapitän dem Manne ins Gesicht, „... Hackett."

Damit schien der Gegenstand für ihn abgetan zu sein. Er beugte sich zu dem in den Maschinenraum führenden Sprachrohr hinab, rief hinein und senkte lauschend den Kopf. Ingenieur Rout antwortete, und sofort setzte der Kapitän seine Lippen ans Mundstück.

Während der Sturm in ungeschwächter Wut ihn umtobte, gebrauchte er bald seinen Mund, bald sein Ohr. Die aus der Tiefe antwortende Stimme des Ingenieurs klang rauh – gerade als ob sie aus dem Getümmel eines Gefechtes käme. Einer der Heizer sei dienstunfähig geworden, die beiden andern seien vom zweiten Ingenieur und dem Manne von der Ersatzmaschine abgelöst worden. Der dritte Ingenieur stehe am Dampfventil. Die Maschinen würden nebenbei bedient. Wie es denn oben stehe?

„Schlecht genug. Das Meiste kommt jetzt auf Sie an," antwortete Kapitän Mac Whirr. Dann fragte er, ob der erste Steuermann schon unten sei. Nein? Dann würde er jedenfalls gleich kommen. Herr Rout möge ihn durchs Sprachrohr reden lassen – durchs Decksprachrohr, weil er – der Kapitän – gleich wieder auf die Brücke hinausgehen werde. Unter den Chinesen sei Streit ausgebrochen; es scheine, als kämpften sie gegen einander; das dürfe ja doch nicht sein – – –"

Herr Rout war weggegangen und Kapitän Mac Whirr konnte den Gang der Maschinen hören, gleichsam den Herzschlag des Schiffes. Dann hörte er Routs Stimme unten wie aus weiter Ferne rufen. Mit jähem Sturz tauchte das Schiff in die Tiefe – hastig und mit zischendem Lärm arbeiteten die Maschinen – dann war plötzlich alles still. Das Gesicht des Kapitäns blieb unbeweglich und seine Augen ruhten unabsichtlich auf der zusammengekauerten Gestalt des zweiten Steuermannes.

Wieder vernahm man Routs Stimme in der Tiefe, und die Pulsschläge der Maschinen begannen aufs neue, langsam zuerst, dann rascher. Herr Rout war ans Sprachrohr zurückgekehrt.

„Wird einerlei sein, was die Chinesen machen," sagte er hastig, dann in gereiztem Tone: „Das Schiff taucht unter, als ob es nie wieder heraufkommen wollte."

„Furchtbare Seen!" bemerkte der Kapitän oben.

„Lassen Sie es mich nicht dem Untergang entgegen treiben," bellte Salomon Rout das Rohr hinauf.

„Kann nicht sehen, was kommt bei dieser Finsternis," kam die Antwort herab. „Müssen – in Bewegung halten, daß – steuern kann – und – darauf ankommen lassen."

„Ich tue so viel ich irgend tun darf."

„Wir werden tüchtig zerschlagen – da oben," sprach die obere Stimme in gelassenem Tone weiter – doch – ist es – nicht – allzu schlimm. Natürlich wenn das Steuerhaus fortgerissen würde ..."

Herr Rout horchte auf und murmelte ingrimmig etwas zwischen den Zähnen.

Plötzlich wurde die bedächtige Stimme oben lebhafter, indem sie fragte: „Ist Jukes noch nicht da?" Und nach einer kleinen Pause fügte sie hinzu: „Wenn er sich doch beeilen wollte! Ich möchte, daß er unten fertig wäre und herauf käme – für alle Fälle. Um das Schiff zu beaufsichtigen. Ich bin ganz allein. Der zweite Steuermann ist verloren ..."

„Was?" schrie Rout in den Maschinenraum hinein, dann ins Sprachrohr: „Über Bord gegangen?" Und er preßte sein Ohr gegen das Sprachrohr.

„Von Sinnen gekommen," fuhr die Stimme von oben in trockenem Tone fort. „Fatale Geschichte!"

Herr Rout, der mit gesenktem Haupte zuhörte, öffnete weit die Augen bei dieser Mitteilung. Plötzlich drang ein Geräusch wie von einem Ringen, untermischt mit abgebrochenen Ausrufen, zu ihm herab. Er lauschte angespannt. Während dieser ganzen Zeit hielt Beale, der dritte Ingenieur, mit hochgehobenen Armen zwischen seinen beiden Handflächen den Rand eines kleinen schwarzen Rades, das an der Seite eines dicken kupfernen Rohres saß. Es sah aus, als halte er es sich über den Kopf und als sei dies eine richtige Stellung in einer bestimmten Art von Spiel.

Um einen Halt zu haben, preßte er die Schulter gegen die weiße Schottwand, während er ein Knie gebeugt hatte. Ein Schweißtuch hing in seinem Gürtel über der Hüfte. Seine bartlosen Wangen waren erhitzt und schmutzig, und der Kohlenstaub auf seinen Augenlidern erhöhte wie eine künstlich aufgetragene Farbe den feuchten Glanz des Weißen seiner Augen und gab so seinem jugendlichen Gesichte ein fast weibliches, fremdartiges und fesselndes Aussehen. So oft das Schiff in die Tiefe tauchte, schraubten seine Hände in nervöser Hast krampfhaft an dem kleinen Rade.

„Verrückt geworden," ließ sich die Stimme des Kapitäns plötzlich in dem Sprachrohr vernehmen. „Hat sich auf mich gestürzt ... jetzt eben. Mußte ihn niederschlagen ... diese Minute. Haben Sie gehört, Herr Rout?"

„Zum Teufel!" murmelte dieser. „Passen Sie auf, Beale!"

Sein Ruf hallte wie der Ton einer warnenden Posaune von den Wänden des Maschinenraumes wider, die, weißgestrichen, hoch hinaufragten in die Dämmerung des Oberlichtes. Der ganze hohe Raum glich dem Innern eines Grabmales; er war durch eiserne Gitterböden abgeteilt; Lichter flackerten in verschiedener Höhe

77

der Wand, während die in der Mitte des Raumes rastlos arbeitenden Maschinen großenteils in Dunkel gehüllt waren.

Ein starker Widerhall des gesamten atmosphärischen Aufruhrs erfüllte die unbewegte, warme Luft, in der sich der Geruch von heißem Metall und Öl mit leichten Dampfnebeln vermischte. Die Schläge der Wogen gegen das Schiff machten sich in lautlosen, betäubenden Stößen fühlbar.

Das hellpolierte Metall leuchtete in blassen, länglichen Flammen. Aus dem Boden unten tauchten die ungeheuren Kurbeln in ihrem funkelnden Stahl- und Messingglanze auf und gingen dann wieder hinunter. Mit unerschütterlicher Pünktlichkeit schienen die starkgelenkigen Kurbelstangen, die an die Glieder eines Skeletts erinnerten, sie hinunterzustürzen und wieder heraufzuziehen. Und tiefer im Halbdunkel glitten andre Stangen bedächtig hin und her; Kreuzköpfe nickten; Metallscheiben rieben die glatten Flächen aneinander, langsam und sanft, in einem wunderbaren Gemisch von Licht und Schatten.

Dann und wann verlangsamten sich all diese mächtigen und unfehlbaren Bewegungen gleichzeitig, wie wenn sie von einem lebenden Organismus ausgingen, der von plötzlicher Entkräftung befallen worden, und Herrn Routs Augen blickten düsterer aus seinem hageren, blassen Gesichte. Er kämpfte diesen Kampf in einem Paar Straminpantoffeln und in einer kurzen, abgetragenen Jacke, die ihm kaum bis an die Lenden reichte. Seine weißen Handgelenke ragten weit aus den engen Ärmeln hervor, als ob die Krisis, in der er sich befand, seiner Größe etwas hinzugefügt und seine Glieder verlängert hätte, wie sie seine Wangen gebleicht und seine Augen hohl gemacht hatte. Er war beständig in

Bewegung: bald kletterte er in die Höhe, bald verschwand er in der Tiefe in rastloser, zielbewußter Geschäftigkeit, und wenn er, den Hebel vor dem Anlaßrade haltend, stillestand, beobachtete er einmal den Dampfmesser und dann wieder den Wassermesser, die beide an der weißen Wand angebracht waren und von einer hin und her schaukelnden Lampe beleuchtet wurden. An seiner Seite gähnten die Mundstücke zweier Sprachrohre. Die kreisrunde Fläche des Telegraphen glich dem Zifferblatt einer großen Uhr – anstatt der Ziffern zeigte sie kurze Worte. Tiefschwarz hoben sich die zu Wörtern gruppierten Buchstaben rings um die Achse des Indikators ab – laute Kommandorufe ausdrückend, wie: Voraus! Zurück! Langsame Fahrt! Halbe Fahrt! Achtung! Und der dicke schwarze Zeiger deutete nach unten auf das Wort „Volldampf", das, auf diese Weise bezeichnet, das Auge auf sich zog, wie ein lauter Schrei Aufmerksamkeit erzwingt.

Der mit Holz bekleidete, von stolzer Höhe herabschauende Niederdruckzylinder ließ bei jedem Schlag ein schwaches Keuchen hören; von diesem leisen Zischen abgesehen, arbeiteten die stählernen Glieder der Maschinen, gleichviel ob schnell oder langsam, mit lautloser Glätte. Und alles zusammen – die weißen Wände, das bewegliche Metall, die Platten des Bodens unter Salomon Routs Füßen, das eiserne Rostwerk über seinem Haupte, die mannigfachen Schatten und Lichter – alles das hob und senkte sich beständig, während das Anschlagen der Wogen draußen gegen das Schiff einen rauhen Mißton in dieser Harmonie zu bilden schien. Der hohe Raum, in dem der Sturm ein hohlklingendes Echo fand, wurde am oberen Ende wie ein Baum hin und her bewegt und neigte sich tatsächlich bald auf die eine, bald auf die andre Seite unter den furchtbaren Stößen.

„Sie sollen machen, daß Sie hinaufkommen," rief Herr Rout, sobald er Jukes unter der Tür des Heizraumes erscheinen sah.

Jukes' Augen blickten starr und unstet; sein erhitztes Gesicht war angeschwollen, wie wenn er zu lange geschlafen hätte. Er hatte einen schwierigen Weg hinter sich und hatte ihn mit ungeheurer Schnelligkeit zurückgelegt, wobei die Erregung seines Gemütes mit den Bewegungen seines Körpers gleichen Schritt gehalten. In jäher Hast war er aus dem Kohlenraume geklettert, war in dem dunklen Raume unter der Brücke inmitten einer Menge aufgeregter Leute herumgestolpert, die unter seinen Tritten ein erschrockenes: „Was gibt's, Herr?" murmelten, war die Treppe in den Heizraum hinuntergeeilt, wobei er in seiner Hast mehr als eine der eisernen Stufen verfehlte – hinunter an einen Ort, der tief war wie ein Brunnen und dunkel wie die Hölle und sich zugleich wie eine Schaukel in fortwährender Bewegung befand. Das Wasser in den Schiffsböden unten verursachte bei jedem neuen Schlingern ein donnerähnliches Getöse. Große und kleine Kohlenstücke sprangen hin und her, von einem Ende bis zum andern mit einem Lärm, als ob eine Lawine von Kieselsteinen einen ehernen Abhang hinunterrollte.

Hier stöhnte jemand vor Schmerz; dort sah Jukes jemand sich über den anscheinend toten Körper eines Mannes beugen; eine heisere Stimme erging sich in Lästerworten und die Glut unter jeder Ofentür glich einem Pfuhle blutigroter Flammen, deren Schein ruhig das samtartige Dunkel beschien.

Ein heftiger Windstoß traf Jukes ins Genick, und im nächsten Augenblick fühlte er den Luftzug um seine nassen Knöchel strömen. Die Ventilatoren des Heizraumes brummten; vor den sechs Ofentüren arbeiteten wankend zwei wild aussehende

Gestalten, bis an die Hüften entblößt, jede mit einer Schaufel in der Hand.

„Hallo! Zug genug jetzt!" schrie der zweite Ingenieur sofort, als habe er die ganze Zeit nach Jukes ausgesehen. Ein andrer, ein fixer kleiner Kerl mit blendend weißer Haut und einem zierlichen Schnurrbärtchen arbeitete in einer Art stummen Ingrimms. Sie hatten fortwährend Volldampf zu erhalten, und ein Rumpeln wie von einem leeren Möbelwagen, der über eine Brücke fährt, bildete die solide Baßgrundlage zu all den andern lärmenden Geräuschen, die den Raum erfüllten.

„Das bläst wie verrückt!" fuhr der Ingenieur zu schreien fort. Mit einem Getöse, als ob hundert eiserne Pfannen gescheuert würden, spie die Öffnung eines Ventilators plötzlich einen starken Guß Salzwasser auf seine Schulter, was er mit einem Strom von Flüchen auf alle Dinge in der Welt, seine eigene Seele nicht ausgenommen, quittierte, ohne einen Augenblick in seiner Beschäftigung innezuhalten. Klirrend öffnete sich die Feuerungstür; der Schein des Feuers fiel auf seinen kugelförmigen Kopf, beleuchtete seine sprudelnden Lippen und sein keckes Gesicht, bis sich die Tür, ein weißglühendes eisernes Auge, mit erneutem Klirren schloß.

„Wo befindet sich das edle Schiff eigentlich? Können Sie mir's vielleicht sagen? Unter Wasser oder wo? Hier unten kriegen wir's tonnenweise. Sind die verdammten Jammerlappen droben in den Hades gefahren? He? Wissen Sie denn gar nichts, Sie lustiger Seemann, Sie?"

Eine Bewegung des Schiffes hatte Jukes rasch durch den Heizraum hindurch an die offene Tür des Maschinenraumes befördert, und kaum hatten seine Augen flüchtig auf der verhältnismäßigen Weite, Stille und freundlichen Helle hier geruht, als das Schiff sich mit dem Hinterteil schwer ins Wasser setzte und er mit dem Kopfe voran auf Herrn Rout zuflog.

Der Arm des ersten Ingenieurs, lang wie ein Fühlfaden und wie durch Federdruck gerade ausgestreckt, empfing ihn und beförderte ihn mit tunlichster Eile ans Sprachrohr, während er eifrig wiederholte: „Sie müssen sich beeilen, hinaufzukommen."

Jukes schrie: „Sind Sie da, Herr Kapitän?" und lauschte. Keine Antwort. Plötzlich fiel das Heulen des Sturmes ihm direkt ins Ohr, aber im nächsten Augenblick schob eine schwache Stimme den tosenden Gesellen ruhig auf die Seite: „Sind Sie es, Jukes? – Nun?"

Jukes war bereit zu erzählen. Die Sache sei leicht genug zu erklären, berichtete er. Er könne sich sehr wohl die in dem dumpfen Zwischendeck eingeschlossenen Kulis vorstellen, wie sie krank und verängstigt zwischen den Reihen ihrer Kisten gelegen. Eine dieser Kisten oder vielleicht mehrere waren bei einer heftigen Bewegung des Schiffes losgerissen worden, waren auf andre gestoßen, da und dort hatte eine Seitenwand nachgegeben, war ein Deckel aufgesprungen, und die Chinesen waren wie ein Mann aufgestanden, um ihr Eigentum zu retten. Dann hatte jeder Stoß, der das Schiff traf, die trampelnde, schreiende Masse hierhin und dorthin, von einer Seite auf die andre geworfen; Holzsplitter und Fetzen von zerrissenen Kleidern waren umhergeflogen, während die Silberdollars auf dem Boden rollten. Einmal im Kampfe, waren sie nicht imstande, ihm ein Ende zu machen. Nur mit überlegener Gewalt konnte man sie jetzt auseinander bringen. Es war eine unglückliche Geschichte. Er hatte alles mit Augen gesehen, und mehr vermochte er nicht zu sagen. Einige der Leute mußten getötet worden sein; die andern kämpften wohl noch jetzt … Er sprach rasch, und seine Worte überstürzten sich in dem engen Sprachrohr. Es war als stiegen sie in die schweigende Stille eines erleuchteten Verständnisses empor, das da oben allein mit dem Sturme wohnte. Und Jukes wünschte, dem widerwärtigen Vorgange den Rücken kehren zu dürfen, der sich dem Schiffe in seiner großen Not so störend aufdrängte.

Fünftes Kapitel

Er wartete auf Antwort. Vor seinen Augen arbeiteten die Maschinen in langsamem, gemächlichem Gange, der, sobald er in tolles Jagen überging, auf Herrn Routs Ruf: „Passen Sie auf, Beale!" auf der Stelle gänzlich unterbrochen wurde. Mitten in einer Umdrehung verharrten sie in verständnisvoller Zurückhaltung; eine schwere Kurbel blieb auf der Kante stehen, als sei auch sie sich der Gefahr und Verantwortung bewußt. Ein „So, jetzt!" aus dem Munde des Chefs, und mit einem Laute, wie wenn jemand durch die Zähne hindurch ausatmet, vollendeten sie die unterbrochene Umdrehung und begannen eine neue. In ihren Bewegungen waren scharfsinnige Klugheit und Bedächtigkeit mit ungeheurer Kraft gepaart. Das war ihre Sache – ein halb verlorenes, vor Schrecken tolles Schiff sanft und geduldig durch die wütenden Wogen zu bringen – unter den Augen seines grimmigsten Feindes, des Sturmes. Dann und wann ließ Herr Rout das Kinn auf die Brust sinken und beobachtete die Maschinen mit zusammengezogenen Brauen wie in tiefem Nachdenken.

Die Stimme, die den Sturm aus Jukes' Ohr verdrängte, sprach jetzt: „Nehmen Sie die Matrosen mit sich ..." und schwieg dann plötzlich.

„Was soll ich denn mit ihnen machen, Herr Kapitän?" Ein scharfer, gebieterischer Klang ertönte. Die drei Augenpaare flogen zu der Telegraphenscheibe empor und sahen den Zeiger von „Volldampf" auf „Halt" springen, wie von einem unsichtbaren, wilden Dämon hingerissen. Und die drei Männer im Maschinenraume hatten das deutliche Gefühl, als sei dem Schiff eine drohende Gefahr entgegengetreten, als ziehe es sich in sich selbst zurück, um sich zu einem verzweifelten Sprunge zu sammeln.

„Halt!" schrie Herr Rout.

Niemand – selbst nicht Kapitän Mac Whirr, der allein auf Deck eine weiße Schaumlinie bemerkt hatte in einer Höhe, daß er seinen Augen nicht trauen zu können meinte – niemand sollte je erfahren, wie groß die steile Höhe jener See gewesen, wie abgrundtief die Höhlung, die der Sturm hinter der laufenden Wasserwand her ausgebohrt hatte. Sie stürzte sich in eilendem Laufe auf die Nan-Shan, die ihrerseits nach einer kleinen Pause, als gürte sie ihre Lenden, ihren Bug erhob und aufsprang. Die Flammen aller Lampen sanken tief herab – eine erlosch ganz – der Maschinenraum verdunkelte sich. Mit einem erschütternden Krachen und einem rasenden Lärm ergossen sich Ströme von Wasser aufs Deck, als ob das Schiff unter einen Wasserfall geraten wäre.

Bestürzt, betäubt sahen sich die drei da unten an.

„Bei Gott, die muß von einem Ende bis zum andern gefegt haben!" schrie Jukes.

Gerade hinunter tauchte das Schiff, als wolle es hinter dem Rande der Erde verschwinden. Der Maschinenraum wankte bedrohlich, wie das Innere eines Turmes bei einem Erdbeben. Aus dem Heizraum drang ein fürchterlicher Lärm von fallenden eisernen Gegenständen. Das Schiff hing so lange in der Tiefe, daß Beale Zeit hatte, sich auf Hände und Kniee niederzulassen und zu kriechen anzufangen, als ob er auf allen Vieren zu fliehen beabsichtige. Herr Rout wandte langsam den Kopf – sein Gesicht war starr, seine Augen hohl; sein Unterkiefer hing herab. Jukes hatte die Augen geschlossen, sein Gesicht war totenbleich und ausdruckslos wie das Gesicht eines Blinden.

Endlich erhob sich die Nan-Shan – mühsam und schwerfällig, als ob sie mit ihrem Kiele eine Bergeslast heben müsse.

Herr Rout schloß den Mund, Jukes blinzelte und der kleine Beale erhob sich hastig.

„Noch eine solche See, und sie ist verloren!" rief der Chef. Er und Jukes sahen sich an, und derselbe Gedanke packte sie. Der Kapitän! Es mußte ja alles über Bord geschwemmt worden sein – das Steuerrad fort – das Schiff ein Wrack! Es konnte nicht anders sein!

„Schnell! Fliegen Sie!" rief Herr Rout heiser, mit großen Augen Jukes anstarrend, der ihm mit einem unentschlossenen Blick antwortete.

Doch der Klang des Telegraphengongs beruhigte sie im nächsten Augenblick. Wie der Blitz fuhr der schwarze Zeiger von „Halt!" auf „Volldampf!"

„Schnell, Beale!" rief Herr Rout.

Leise zischte der Dampf. Die Kolbenstangen glitten ein und aus. Jukes legte sein Ohr ans Sprachrohr. Die Stimme oben war schon für ihn bereit. Sie sagte: „Lesen Sie all das Geld auf. Beeilen Sie sich jetzt. Ich brauche Sie hier oben." Das war alles. „Herr Kapitän!" rief Jukes hinauf. Keine Antwort.

Er wankte weg wie ein Besiegter vom Schlachtfelde. Auf irgend eine Weise hatte er einen Schnitt über der linken Augenbraue bekommen, der bis auf den Knochen ging. Er hatte nichts davon gemerkt. Das Chinesische Meer hatte in Massen, die groß genug waren, ihm den Hals zu brechen, die Wunde gereinigt, gewaschen und gesalzen. Sie blutete nicht, sie klaffte nur breit und rot und gab ihm in Verbindung mit seinem verwirrten Haare und seiner unordentlichen Kleidung das Aussehen eines im Kampfe übel zugerichteten Mannes.

Mit einem kläglichen Lächeln wendete er sich an Herrn Rout: „Ich soll die Dollars auflesen."

„Was?" fragte dieser wild. „Auflesen? ... Da soll ..." Dann sagte er, an allen Muskeln bebend, in nervösem Tone: „Gehen Sie jetzt, um Gottes willen! Ihr Deckleute macht mich noch verrückt. Der zweite Steuermann hat den Alten angefallen – wissen Sie es nicht? Ihr geratet außer Rand und Band, weil ihr nichts zu tun habt."

Bei diesen Worten fühlte es Jukes heiß in sich aufwallen. Nichts zu tun ... wahrhaftig ... Voll heftigen Zornes gegen den Chef schickte er sich an, den Weg zurückzugehen, den er gekommen war. Im Heizraume arbeitete der dicke Mann von der Ersatzmaschine mit seiner Schaufel stumm weiter, als sei ihm die Zunge aus dem Munde geschnitten worden. Der zweite Ingenieur

86

dagegen gebärdete sich wie ein furchtloser Irrsinniger, dem die Fähigkeit erhalten geblieben war, das Feuer unter einem Dampfkessel zu schüren.

„Hallo, Sie wandernder Steuermann! Können Sie mir nicht ein paar von Ihren Schlammschluckern herunterschicken, daß sie mir ein wenig von der Asche da hinaufwinden? Ich ersticke sonst noch drunter. Zum Teufel auch! Hallo! He! Wie heißt's in den Schiffsartikeln? ›Matrosen und Heizer sollen einander beistehen‹. He! Hören Sie nicht?"

Jukes kletterte wie rasend die eiserne Treppe hinauf. Der andre aber sah ihm nach und brüllte: „Können Sie nicht reden? Was haben Sie überhaupt hier herumzukriechen? Worauf machen Sie eigentlich Jagd?"

Jukes war wütend. Als er unter die Leute im Backbordgange trat, war es ihm, als könnte er ihnen allen die Hälse brechen, sobald sie das leiseste Zeichen von Widerstreben sehen ließen. Schon der Gedanke daran brachte ihn außer sich. *Er* durfte sich nicht widersetzen – *sie* sollten's auch nicht.

Das Ungestüm, mit dem er unter sie fuhr, riß sie mit fort. Sein wiederholtes Kommen und Gehen hatte sie aus ihrer dumpfen Ruhe aufgerüttelt, die Wildheit und Raschheit seiner Bewegungen sie erschreckt und aufgeregt; und der Umstand, daß sie ihn nicht sehen, nur hören und fühlen konnten, verlieh seinem Auftreten den Charakter des Schauerlichen; sie hatten das Gefühl, daß es sich bei seinem Vorgehen um Tod und Leben handle, und daß deshalb jedes Zögern ausgeschlossen sei. Auf sein erstes Wort hörte er sie gehorsam in die Kohlenkammer hinunterspringen.

Sie waren sich nicht klar darüber, was geschehen sollte. Einer fragte den andern: „Was ist? Was gibt's?" Der Bootsmann versuchte, es ihnen zu erklären. Zu ihrer Überraschung hörten sie den Lärm einer großen Rauferei, während die heftigen Schläge der Wogen, in der dunklen Tiefe furchtbar widerhallend, sie die Gefahr, in der sie schwebten, nicht aus den Augen verlieren ließen. Als der Bootsmann die Tür öffnete, war es, als ob ein Wirbel des Orkans sich durch die eisernen Wände des Schiffes gestohlen und all diese Körper in einen wilden Tanz versetzt habe: gellendes Geheul und Getümmel, ingrimmiges Murren, abgerissenes Schreien und das Stampfen vieler Füße – alles das mischte sich mit dem Donnern der Wogen.

Einen Augenblick blieben die Leute wie erstarrt unter der Tür stehen. Jukes drängte sich gewaltsam zwischen ihnen durch. Ohne ein Wort zu sagen, stürzte er sich hinein. Wieder saß ein Haufe Kulis auf der Lukentreppe in dem selbstmörderischen Bemühen, die verlattete Luke zu durchbrechen, und wieder fielen sie herunter und begruben ihn unter sich wie einen Mann, der von einem Erdrutsch überrascht wird. In großer Aufregung schrie der Bootsmann: „Kommt! Rettet den Steuermann! Er wird totgetreten! Schnell! Schnell!"

Sie stürzten hinein. Ihre Füße traten auf Rücken, Finger, Füße und Gesichter, verwickelten sich in Haufen von abgerissenen Gewändern, stießen auf krachende Holztrümmer; aber ehe sie des Gefährdeten habhaft werden konnten, hatte dieser sich erhoben und stand nun bis an die Hüfte von einer Menge krallenartig nach ihm ausgestreckter Fäuste umgeben.

Sobald er den Augen seiner Begleiter entschwunden war, waren alle Knöpfe seiner Jacke abgerissen, diese selbst am Rücken bis hinauf zum Kragen aufgeschlitzt und seine Weste aufgerissen worden. Ein neues Rollen des Schiffes ließ die Hauptmasse der Chinesen seitwärts gleiten in einem dunklen, hilflosen Klumpen, aus dem da und dort beim trüben Scheine der Lampen ein Augenpaar in wildem Glanze hervorblitzte.

„Laßt mich in Ruhe!" schrie Jukes. „Ich brauche niemand. Treibt sie vorwärts! Gebt acht, wenn das Schiff wieder stampft! Vorwärts mit ihnen! Treibt sie gegen die Schotting! Keilt sie ein!"

Das Hereinbrechen der Matrosen ins Zwischendeck hatte wie ein Guß kalten Wassers in einen siedenden Kessel gewirkt. Die Wogen des Aufruhrs fingen an sich zu legen.

Die große Masse der Chinesen war so fest ineinander verschlungen, daß die Seeleute, die sich bei den Händen gefaßt hatten, sie mit einem gewaltigen Schub vor sich hertreiben konnten, zumal da das Schiff ihnen mit einem tiefen Stampfen zu Hilfe kam. Hinter ihrem Rücken taumelten kleine Gruppen und einzelne Gestalten von einer Seite auf die andere.

Der Bootsmann verrichtete Wundertaten an Kraft. Die langen Arme weit ausgebreitet, mit jeder seiner großen Tatzen eine Eisenstange umklammernd, hielt er sieben zu einem Knäuel verschlungene Chinesen auf, die wie ein Rollstein daherkamen. Seine Gelenke krachten; ein lautes „Ha!" aus seinem Munde – und sie flogen auseinander. Der Zimmermann aber zeichnete sich durch Klugheit aus: ohne irgend jemand ein Wort zu sagen, ging er in den Backbordgang zurück und holte mehrere Bündel Ketten und Stricke, die er dort gesehen hatte. Damit wurden Schlingerlinien gezogen.

In der Tat fand kein Widerstand statt. Der Kampf, wie er auch begonnen haben mochte, hatte sich in einen Aufruhr wilder Panik verwandelt. Wenn die Kulis sich aufgemacht hatten, um ihre zerstreuten Dollars wieder zu gewinnen, so kämpfte jetzt jeder um ein Stückchen Boden, auf dem er stehen konnte. Einer packte den andern an der Gurgel, nur um nicht umhergeschleudert zu werden. Wer irgendwo einen Halt gefunden hatte, stieß und trat nach den andern, die nach seinen Beinen griffen und sich daran festhielten, bis ein Stoß sie zusammen aufs Deck fliegen ließ.

Die Ankunft der weißen Teufel war kein geringer Schrecken. Waren sie gekommen, um zu morden? Doch die aus dem Haufen gerissenen Individuen wurden sehr zahm unter den Händen der Seeleute: einige, die an den Beinen beiseite gezogen wurden, lagen regungslos, wie Tote, mit offenen, stieren Augen. Da und dort fiel ein Kuli auf die Kniee, als wolle er um Erbarmen flehen; einige, die im Übermaß der Furcht sich zu wehren suchten, erhielten einen Schlag zwischen die Augen und ergaben sich, während die Verwundeten sich der rauhen Behandlung willenlos unterwarfen, ohne einen Laut der Klage, nur verstohlen mit den Augen blinzelnd. Da und dort sah man blutüberströmte Gesichter; die geschorenen Köpfe zeigten wunde Stellen, und es fehlte nicht an Beulen, Quetschungen und klaffenden Wunden. Das zerbrochene Porzellan aus den Kisten war zum größten Teil die Ursache der letzteren. Da und dort verband sich ein Chinese mit ungeflochtenem Zopf wilden Blickes die blutende Sohle.

Man hatte sie dicht aneinander gereiht, nachdem man sie mit rauher Gewalt zur Ruhe gebracht und sie zur Beruhigung ihrer Aufregung mit einigen Püffen und Stößen traktiert hatte. Nun richtete man aufmunternde Worte an sie, die ihnen jedoch nur

Unheil zu verkünden schienen. Totenbleich und aufs höchste erschöpft saßen sie in Reihen auf dem Boden. Der Zimmermann und zwei Matrosen bewegten sich geschäftig hin und her, zogen die Stricke und Ketten straff und hakten und knoteten sie fest. Der Bootsmann, der mit einem Bein und einem Arm eine Eisenstange umschlang, hatte eine Lampe gegen seine Brust gepreßt und gab sich alle Mühe, sie anzuzünden, wobei er beständig knurrte und brummte wie ein geschäftiger Gorilla. Die Gestalten der Seeleute bückten sich da und dort, wie wenn sie Ähren lesen wollten, und alles, was sie fanden, flog in die Kohlenkammer: Kleider, Holzsplitter, Porzellanscherben; auch die in den Jackentaschen der Seeleute aufgesammelten Dollars wurden dort in Sicherheit gebracht. Dann und wann wankte ein Matrose mit einem Arm voll Plunder nach der Tür, und traurige, schiefe Augen folgten seinen Bewegungen.

Mit jedem Rollen des Schiffes neigten sich die langen Reihen der Chinesen vorwärts, und so oft es jäh hinabschoß, stießen die kahlen Köpfe die ganze Linie entlang zusammen.

Wenn das Getöse der über das Deck hinrollenden Seen für einen Augenblick schwächer wurde, so schien es Jukes, dessen Glieder noch unter der Nachwirkung seiner Anstrengungen zitterten, als habe er in seinem tollen Kampfe da unten den Sturm besiegt, als sei eine Stille eingetreten, eine Stille, in der man die Wogen mit donnerähnlichem Getöse an die Seiten des Schiffes schlagen hören konnte.

Das Zwischendeck war vollständig geräumt worden – alles Strandgut beseitigt, wie sich die Seeleute ausdrückten. Aufrecht, je nach den Bewegungen des Schiffes sich hin und her wiegend, standen diese den Reihen der gesenkten Häupter und gebeugten

Schultern der Chinesen gegenüber. Da und dort rang ein Kuli nach Atem. Wo das Licht von oben hinfiel, konnte Jukes die hervorstehenden Rippen des einen, das gelbe, furchtsame Gesicht des andern sehen; auch manchem starr und trüb auf sein Gesicht gerichteten Augenpaare begegnete sein Blick. Es wunderte ihn, daß es keine Toten gegeben hatte; allerdings schienen die meisten der Chinesen in den letzten Zügen zu liegen, und er hielt sie für bedauernswerter, als wenn sie tot gewesen wären.

Plötzlich begann einer der Kulis zu sprechen. Auf seinem hageren, verzerrten Gesichte kam und ging das Licht; er warf den Kopf zurück wie ein bellender Hund. Aus der Kohlenkammer hörte man das Klirren einiger auf den Boden gefallener Dollarstücke. Der Kuli streckte den Arm aus, riß den Mund weit auf, und die unverständlichen, dem Schrei eines Uhus vergleichbaren Kehllaute, die keiner menschlichen Sprache anzugehören schienen, gingen Jukes auf die Nerven – es war, als hätte ein Tier zu reden versucht. Noch zwei andre Kulis stießen, wie es Jukes schien, Verwünschungen aus, indes die übrigen murrten und stöhnten. Eilig befahl Jukes den Matrosen, das Zwischendeck zu verlassen. Er selbst ging zuletzt hinaus, rückwärts aus der Tür tretend, während das Murren lauter und lauter wurde und viele Hände sich nach ihm wie nach einem Übeltäter ausstreckten. Der Bootsmann schob den Riegel vor und bemerkte im Tone ängstlicher Verwunderung: „Scheint, als habe der Sturm sich gelegt, Herr."

Die Matrosen waren froh, wieder in den Backbordgang zurückzukommen. Insgeheim dachte jeder von ihnen, er könne im letzten Augenblick noch aufs Deck hinausstürzen – und das war immerhin ein Trost. Der Gedanke, unter Deck ertrinken zu müssen, hat etwas unsagbar Grauenhaftes. Jetzt, wo sie mit den Chinesen fertig waren, wurden sich die Leute der gefährlichen Lage des Schiffes aufs neue bewußt.

Als Jukes auf Deck hinaustrat, fand er sich sofort bis zum Halse hinauf von rauschendem Wasser umgeben. Er erreichte die Brücke und entdeckte, daß er imstande war, undeutliche Formen zu unterscheiden, als ob sein Gesicht unnatürlich scharf geworden wäre. Er sah die schwachen Umrisse des Schiffes. Sie riefen ihm nicht den gewohnten Anblick der Nan-Shan zurück, sondern etwas andres – einen alten abgetakelten Dampfer, den er vor Jahren an einer schlammigen Uferbank hatte verrotten sehen. Die Nan-Shan erinnerte ihn an dieses Wrack.

Es war vollkommen windstill – außer der schwachen Strömung, die das Schlingern des Schiffes hervorrief, spürte man keinen Hauch. Der Rauch, den der Schornstein auswarf, senkte sich aufs Deck herab. Jukes atmete ihn ein, indem er vorwärts ging. Er vernahm das regelmäßige Pochen der Maschinen und andre, einzelne Laute, die den allgemeinen großen Aufruhr überlebt zu haben schienen: das Anschlagen zertrümmerter Einrichtungsgegenstände, das Umherrollen irgend eines Gegenstandes auf der Brücke. Er unterschied die vierschrötige Gestalt seines Kapitäns, der sich an dem halb abgebrochenen Brückengeländer festhielt – regungslos und gebeugt, als wäre er in den Planken festgewurzelt. Die unerwartete auffallende Windstille übte einen bedrückenden Einfluß auf Jukes aus.

„Wir haben es ausgeführt, Herr Kapitän," keuchte er.

„Das hab' ich mir gedacht," sagte Kapitän Mac Whirr.

„So?" murmelte Jukes gereizt.

„Der Wind hat sich ganz plötzlich gelegt," fuhr der Kapitän fort.

Da brach Jukes los: „Wenn Sie glauben, daß es ein leichtes Stück –"

Aber sein Kapitän hielt sich an der Reling fest und gab nicht acht auf das, was er sagte.

„Nach den Büchern ist das Schlimmste noch nicht vorüber."

„Wenn die meisten von ihnen nicht in Folge der Seekrankheit und der Angst halb tot gewesen wären, so hätte keiner von uns das Zwischendeck lebendig verlassen," sagte Jukes.

„Man mußte an ihnen tun, was recht ist," murmelte Kapitän Mac Whirr verständnislos. „Alles kann man nicht in den Büchern finden."

„Wahrhaftig, ich glaube, sie hätten sich noch zuletzt gegen uns erhoben, wenn ich die Leute nicht schnell genug hinausbeordert hätte," fuhr Jukes mit Wärme fort.

Nach dem Flüstertone ihres vorherigen Schreiens erschien ihnen ihr gewöhnlicher Gesprächston in der verwunderlichen Stille der Luft auffällig laut. Es kam ihnen vor, als sprächen sie in einem dunklen Gewölbe mit lautem Widerhall. Durch eine zackige Öffnung des Wolkendomes fiel das Licht einiger weniger Sterne auf das unruhig auf- und niederwogende schwarze Meer. Hie und da stürzte die Spitze eines Wasserkegels auf das Schiff nieder und mischte sich mit den Schaumwellen auf dem überschwemmten Deck. Schwerfällig wälzte sich die Nan-Shan in der Tiefe einer kreisförmigen Zisterne von Wolken, die in tollem Tanze um ihren unbewegten Mittelpunkt jagten und das Schiff wie ein lückenloser düsterer Wall umgeben. Drinnen hob sich die See, wie von innerer Unruhe gestachelt, in spitzigen Kegeln, die aneinander anrannten und heftig an die Seiten des Schiffes schlugen; und leise Seufzerlaute – die ungestillte Klage des Sturmes – kamen von jenseit der Grenze der unheimlichen Windstille. Kapitän Mac Whirr schwieg, und Jukes' aufmerksames Ohr vernahm plötzlich das schwache, langgezogene Brüllen einer ungeheuren Woge, die unsichtbar in der tiefen Finsternis dahinrollte, die die schauerliche Grenze seines Gesichtskreises bildete.

„Natürlich dachten sie," fing Jukes in spöttischem Tone wieder an, „wir wollten die Gelegenheit benützen, sie auszuplündern. Natürlich! Ich sollte ja das Geld auflesen! Leichter gesagt als getan. Sie konnten unmöglich wissen, was wir im Sinn hatten. Wir stürzten hinein – gerade mitten unter sie. Mußten sie überrumpeln."

„Sie haben Ihren Auftrag ausgeführt – das ist alles, worauf es ankommt," murmelte der Kapitän, ohne einen Blick auf Jukes zu versuchen. „Man mußte tun, was recht ist."

„Das dicke Ende wird noch nachkommen, wenn dies erst vorüber ist," erwiderte Jukes gereizt. „Lassen Sie sie sich nur erst ein wenig erholen, dann werden Sie schon sehen! Sie werden uns an die Gurgel fliegen. Vergessen Sie nicht, Herr Kapitän, daß die Nan-Shan kein britisches Schiff mehr ist! Das wissen diese Hunde gut genug. Die verfluchte siamesische Flagge."

„Wir sind aber doch an Bord," warf der Kapitän ein.

„Die Geschichte ist noch nicht vorüber," sagte Jukes mit der Miene eines Propheten, indem er taumelte und sich eilig wieder fest anklammerte. „Die Nan-Shan ist ein Wrack," fügte er in kläglichem Tone hinzu.

„Noch nicht vorüber," stimmte der Kapitän halblaut bei. „Geben Sie einen Augenblick acht."

„Gehen Sie weg, Herr Kapitän?" fragte Jukes erschrocken, als ob sich der Sturm in dem Augenblick auf ihn stürzen müßte, wo er mit dem Schiff allein gelassen würde.

Sein Blick ruhte auf ihm, wie es einsam und halb vernichtet inmitten der drohenden Wasserberge kämpfte, die von dem Lichte ferner Welten matt beleuchtet wurden. Langsam bewegte es sich, seine überschüssige Triebkraft in einer weißen Dampfwolke ausatmend – die tiefen Töne, die dieses Ausatmen begleiteten, glichen dem herausfordernden Kriegsrufe eines beseelten Seegeschöpfes, das ungeduldig nach der Wiederaufnahme des Kampfes verlangte. Plötzlich verstummten die Töne. Ein leiser Klagelaut erfüllte die stille Luft. Über Jukes' Haupte schienen einige Sterne in den düstern Abgrund der schwarzen Dunstgebilde hinab und ließen diese nur um so finsterer und drohender erscheinen. Auch die Sterne schienen das Schiff aufmerksam zu betrachten, als sähen sie es zum letzten Male, und ihr schimmernder Kranz glich einem Diadem auf einer umwölkten Stirne.

Kapitän Mac Whirr war ins Kartenhaus getreten. Es war kein Licht darin, allein er fühlte die Unordnung des Raumes, wo er sonst in Ordnung zu leben gewohnt war. Sein Lehnstuhl war umgestürzt. Die Bücher waren auf den Boden heruntergefallen; unter seinem Tritte zerbrach ein Stück Glas. Er suchte nach den Zündhölzern und fand eine Schachtel auf einem von einem hohen Rande umgebenen Brett. Er strich eines an und, die Augenwinkel zusammenziehend, hielt er die kleine Flamme gegen das

Barometer, dessen glitzerndes Glas und Metall ihm beständig zunickte.

Es stand sehr tief – unglaublich tief, so tief, daß Kapitän Mac Whirr stöhnte. Das Zündholz erlosch, und er beeilte sich, mit seinen unbeholfenen, steifen Fingern ein anderes herauszuziehen. Wieder flackerte eine kleine Flamme vor dem Barometer auf. Des Kapitäns Augen sahen scharf darauf, als ob sie ein kaum sichtbares Zeichen entdecken müßten. Mit seinem ernsten Gesichte glich er einem gestiefelten, mißgestalteten Heiden, der seinem Götzenbild Weihrauch opfert. Er hatte sich nicht geirrt. Es war der niedrigste Barometerstand, den er je in seinem Leben gesehen hatte.

Kapitän Mac Whirr pfiff leise. Er achtete nicht die kleine Flamme in seiner Hand, die zu einem blauen Funken zusammensank, seine Finger verbrannte und erlosch. Vielleicht war etwas an dem Ding in Unordnung geraten!

Über dem Sofa war ein Aneroidbarometer angeschraubt. Der Kapitän wandte sich dahin, zündete wieder ein Streichholz an und sah das weiße Antlitz des andern Instrumentes von der Gweling auf sich herabblicken, bedeutsam, mit nicht anzuzweifelnder Bestimmtheit – mit der unbeteiligten Gleichgültigkeit der Materie, die dem Menschen ein untrügliches Urteil ermöglicht. Jetzt war kein Zweifel mehr. „Pah!" machte Kapitän Mac Whirr und warf das Zündholz auf den Boden.

Das Schlimmste sollte also noch kommen – und wenn die Bücher recht hatten, so war dies Schlimmste sehr schlimm. Die Erfahrungen der letzten sechs Stunden hatten seine Begriffe von schlechtem Wetter bedeutend erweitert. „Es wird furchtbar sein," sagte er sich. Er hatte bei dem Lichte der Zündhölzer außer den

Barometern nichts mit Absicht angesehen, und doch hatte er bemerkt, daß seine Wasserflasche und die zwei Gläser aus ihrem Ständer herausgeschleudert worden waren, was ihm eine deutlichere Vorstellung von dem zu geben schien, was das Schiff durchgemacht hatte. „Ich hätt's nicht geglaubt," dachte er. Auch sein Tisch war abgeräumt worden; seine Lineale, seine Bleistifte, das Tintenfaß – all die Dinge, die ihre bestimmten, sicheren Plätze hatten – sie waren fort, als hätte eine boshafte Hand sie, eines nach dem andern, herausgerissen und auf den nassen Boden geworfen. Der Sturm war in die geordnete Einrichtung seiner stillen Klause hineingebrochen. Das war noch nie geschehen, und die Bestürzung darüber raubte ihm beinahe die Fassung. Und doch sollte das Schlimmste erst noch kommen! Er war nur froh, daß die Unruhe im Zwischendeck rechtzeitig entdeckt worden war. Wenn das Schiff schließlich doch zu Grunde gehen sollte, so sank es wenigstens nicht mit einem Haufen sich auf Tod und Leben bekämpfender Menschen an Bord. Das wäre scheußlich gewesen. Es war dies eine echt menschliche Empfindung, ein unbestimmtes Bewußtsein von dem, was sich ziemt und nicht ziemt.

Diese augenblicklichen Erwägungen hatten, der Natur des Mannes entsprechend, den Charakter des Langsamen, Schwerfälligen. Er streckte die Hand aus, um die Zündholzschachtel in ihre Ecke auf dem Brett zurückzustellen. Es waren immer Zündhölzer hier – auf seinen besonderen Befehl. Längst schon hatte er dem Steward seine diesbezügliche Anordnung eingeschärft. „Eine Schachtel ... gerade hierher, sehen Sie? Nicht so sehr voll ... wo ich sie mit der Hand erreichen kann, Steward. Könnte einmal ganz schnell Licht brauchen. An Bord eines Schiffes kann man nie wissen, was man schnell braucht.

Also vergessen Sie es nicht in Zukunft!" Er seinerseits hatte die Schachtel jederzeit sorgfältig an ihren Ort zurückgestellt. Er tat es auch jetzt, aber ehe er die Hand zurückzog, kam ihm der Gedanke, daß er vielleicht nie wieder Gelegenheit haben würde, diese Schachtel zu benützen. Die Lebhaftigkeit dieses Gedankens erschreckte ihn, und für einen Bruchteil einer Sekunde schlossen sich seine Finger um den kleinen Gegenstand, als wäre er ein Symbol all jener kleinen Gewohnheiten, die uns an dies mühselige Dasein fesseln. Er ließ ihn endlich los, warf sich aufs Sofa und lauschte nach den ersten Tönen des wiederkehrenden Sturmes.

Noch war nichts zu vernehmen als das Rauschen des Wassers, das schwere Aufschlagen, die dumpfen Stöße der unruhigen Wogen, die sein Schiff von allen Seiten umringten. Ach, es würde nie mehr imstande sein, seine Decks vom Wasser zu befreien! Die Stille der Luft hatte etwas Beängstigendes und Aufregendes – es war dem Kapitän, als hinge ein Schwert an einem Haar über seinem Haupte. Durch diese unheimliche Pause erschütterte der Sturm die Schutzwehr, die dieser Mann um sein Herz gezogen hatte, entsiegelte er seine Lippen. In der Einsamkeit und tiefen Dunkelheit der Kabine sprach er, als rede er zu einem andern, einem in seiner Brust erwachten Wesen: „Ich möchte sie nicht gern verlieren."

Da saß er, ungesehen, losgelöst gleichsam von der See, von seinem Schiffe, vereinsamt und wie entrückt dem gewöhnlichen Kreise seines Daseins, das für solchen Luxus, wie Selbstgespräche, absolut keinen Raum bot. Seine Handflächen auf den Knieen, atmete er gesenkten Hauptes schwer, einem ungewohnten Gefühl von Ermattung nachgebend, das er in seiner Unerfahrenheit nicht als die Folge seelischer Anspannung zu erkennen vermochte.

Von seinem Sitze aus konnte er mit der Hand die Tür eines Waschtischschrankes erreichen. Dort mußte ein Handtuch sein. Da war es auch. Gut ... Er nahm es heraus, wischte sich das Gesicht ab und fing dann an, seinen nassen Kopf abzureiben. Mit großer Energie manipulierte er in der Dunkelheit und blieb dann regungslos mit dem Handtuch auf den Knieen sitzen. Es war so still in dem Raume, daß niemand vermutet hätte, es sitze jemand darin. Dann wurde ein Murmeln hörbar: „Sie kann es doch noch überstehen."

Als Kapitän Mac Whirr aufs Deck hinaustrat – was in Hast geschah, als sei er sich plötzlich bewußt geworden, zu lange weggeblieben zu sein – hatte die Windstille schon länger als eine Viertelstunde angehalten – lange genug, um auch seiner Phantasie unerträglich zu erscheinen. Jukes, der regungslos auf dem vorderen Teile der Brücke stand, öffnete sofort den Mund, doch seine Stimme klang ausdruckslos und gezwungen, als ob er mit fest zusammengebissenen Zähnen spräche, und schien sich nach allen Seiten hin in die Finsternis zu verlieren und erst von der See her lauter zurückzukommen.

„Ich mußte Hackett ablösen lassen," berichtete er. „Er fing an zu schreien, er sei am Ende. Drinnen liegt er mit einem Gesicht wie der Tod. Zuerst konnte ich niemand dazu bewegen, den armen Teufel abzulösen. Der Bootsmann ist zu weniger als nichts zu gebrauchen; ich hab's ja immer gesagt. Ich dachte schon, ich müsse selbst gehen und einen beim Kragen herausholen."

„Ah, so," murmelte der Kapitän, der aufmerksam beobachtend neben Jukes stand.

„Der zweite Steuermann ist auch drinnen und hält sich den Kopf. Ist er verwundet, Herr Kapitän?"

„Nein – verrückt," antwortete Kapitän Mac Whirr kurz.

„Es sieht aber aus, als habe er einen Schlag bekommen."

„Ich war genötigt, ihm eins zu versetzen," erklärte der Kapitän.

Jukes seufzte ungeduldig.

„Es wird sehr plötzlich kommen," bemerkte jetzt der Kapitän, „und von dort drüben, denke ich. Doch das weiß Gott allein. Diese Bücher können nichts als einem den Kopf verdrehen und einen ängstigen. Schlimm genug wird's werden, soviel ist sicher. Wenn es uns nur gelingt, zur rechten Zeit gegen den Sturm zu drehen."

Eine Minute verging. Einige Sterne funkelten unruhig und verschwanden dann vollständig.

„Sie haben sie in leidlicher Sicherheit verlassen?" fragte der Kapitän plötzlich, als sei ihm das Schweigen unerträglich.

„Meinen Sie die Kulis, Herr Kapitän? Ich habe Rückenpaarden über das ganze Zwischendeck gezogen."

„So? Ein guter Gedanke, Jukes."

„Ich dachte nicht, ... daß Ihnen ... etwas daran liege ... zu hören" – das Schlingern des Schiffes zerschnitt seine Rede, als ob ihn jemand herumgedreht hätte, während er sprach – „wie ich mit der – verdammten Geschichte – fertig geworden bin. Schließlich ist aber doch wohl alles wurst."

„Mußten an ihnen tun, was recht ist, wenn es auch nur Chinesen sind. Das Schiff ist noch nicht verloren. Sie haben ihr Leben gerade so lieb wie wir das unsere. Schlimm genug, während eines Sturmes da unten eingeschlossen zu sein –"

„Das dachte ich gerade, als Sie mich hinunterschickten," unterbrach ihn Jukes mürrisch.

„– auch ohne in Stücke gehauen zu werden," fuhr Kapitän Mac Whirr mit steigender Heftigkeit fort. „Könnte so etwas auf meinem Schiff nicht dulden, selbst wenn ich wüßte, daß es nur noch fünf Minuten zu leben haben würde. Könnte es nicht dulden, Herr Jukes."

Ein hohl klingender Lärm, wie von einem in einer Felsenkluft widerhallenden Geschrei, näherte sich dem Schiff und verlor sich wieder. Der letzte Stern flackerte unruhig und dehnte sich aus, als wolle er sich wieder in den feurigen Nebel seines Ursprungs auflösen. Dann erlosch er. Dicke Finsternis bedeckte das Schiff.

„Jetzt also!" murmelte Kapitän Mac Whirr. „Herr Jukes!"

„Hier, Herr Kapitän!"

Die beiden Männer konnten sich nicht mehr deutlich sehen.

„Wir müssen der Nan-Shan vertrauen, daß sie hindurchgeht und auf der andern Seite wieder herauskommt. Das ist klar und einfach, und Kapitän Wilsons Sturmstrategie hat nichts damit zu tun."

„Nein, Herr Kapitän!"

„Sie wird nun wieder stundenlang herumgeworfen und - gepeitscht werden," murmelte der Kapitän. „Die See findet jetzt nicht mehr viel auf Deck zu holen außer Ihnen oder mir."

„Uns beide, Herr Kapitän."

„Immer der alte Unglücksrabe, Jukes," erwiderte ihm der Kapitän, „obwohl es Tatsache ist, daß der zweite Steuermann nichts taugt. Hören Sie mich, Herr Jukes? Sie würden also allein bleiben, wenn ..." Kapitän Mac Whirr unterbrach sich. Jukes blickte nach allen Seiten umher und schwieg.

„Lassen Sie sich durch nichts aus der Fassung bringen," fuhr der Kapitän hastig murmelnd fort. „Halten Sie direkt auf den Sturm zu. Die Leute mögen sagen, was sie wollen, aber die schwersten Seen laufen mit dem Wind. Gerad drauf los – immer drauf los – das ist der Weg, um durchzukommen. Mehr kann niemand tun. Halten Sie sich den Kopf kühl!"

„Ja, Herr Kapitän," sagte Jukes, und sein Herz klopfte rascher.

Gleich darauf sprach der Kapitän in den Maschinenraum hinunter und erhielt Antwort. Wie es wohl kam? Jukes empfand ein Wachsen seines Selbstvertrauens, eine Stärkung seiner Zuversicht. Diese Empfindung war ihm von außen gekommen, wie ein warmer Hauch hatte es ihn angeweht; er glaubte sich allen Ansprüchen gewachsen. Aus der Dunkelheit drang das ferne Grollen des Sturmes an sein Ohr. Es vermochte nicht, ihn zu ängstigen, so wenig ein Mann in einem Panzerhemd die Spitze des Speeres fürchtet.

Ohne Unterbrechung kämpfte die Nan-Shan gegen die schwarzen Wasserberge – sie kämpfte um ihr Leben. Sie erdröhnte in ihren Tiefen und sandte eine weiße Dampfwolke in die Nacht hinaus, und Jukes' Gedanken flogen wie ein Vogel durch den Maschinenraum, wo Herr Rout – der Treffliche – treue Wache hielt. Als das Dröhnen aufhörte, schien es Jukes, als sei eine allgemeine Pause eingetreten – eine tödliche Stille, in der Kapitän Mac Whirrs Stimme überraschend, ja erschreckend klang.

„Was ist das? Ein Windstoß?" – die Stimme sprach viel lauter, als Jukes sie je gehört – „Am Bug. Das ist recht. Nun kann sie doch noch durchkommen."

Der Sturm rückte rasch näher. Man unterschied zunächst ein schläfrig erwachendes Klagen und weiterhin das Anschwellen eines vielfachen Getöses, das, immer stärker werdend, näher und näher kam. Es war, als würden viele Trommeln gerührt oder als hörte man den Lärm eines anmarschierenden Heeres. Jukes konnte seinen Kapitän nicht mehr sehen – die Finsternis häufte sich förmlich auf das Schiff.

Kapitän Mac Whirr versuchte mit ungewöhnlicher Hast den obersten Knopf seines Ölrockes zuzumachen. Der Sturm, der die Macht hat, Meere aufzuwühlen, Schiffe zu versenken, Bäume zu entwurzeln, starke Mauern umzustürzen und die Vögel in der Luft zu Boden zu schmettern, war auf seinem Wege auf diesen schweigsamen Mann gestoßen und hatte ihm mit Aufbietung all seiner Kraft einige wenige Worte ausgepreßt. Ehe sich der Sturm mit erneuter Gewalt auf die Nan-Shan stürzte, entrangen sich dem Munde des Kapitäns Mac Whirr die im Tone der Betrübnis gesprochenen Worte: „Ich möchte sie nicht gern verlieren."

Dieser Schmerz wurde ihm erspart.

Sechstes Kapitel

An einem hellen, sonnigen Tage fuhr die Nan-Shan in den Hafen von Futschou ein. Ein leichter Wind trieb ihren Rauch weit voraus. Ihre Ankunft wurde an der Küste sofort bemerkt, und die Seeleute im Hafen riefen einander zu: „Seht! Seht den Dampfer! Was für eine Flagge ist das? Siamesisch – nicht wahr? Seht ihn nur einmal an!"

Das Schiff schien in der Tat als laufende Zielscheibe für die kleineren Geschütze eines Kreuzers gedient zu haben. Ein Hagel von Geschossen hätte seinen oberen Teil nicht übler zurichten können: es sah so heruntergekommen und verwüstet aus, als käme es vom äußersten Ende der Welt – und das mit gutem Grunde, denn auf seiner kurzen Fahrt war es in der Tat sehr weit gekommen, hatte die Grenzen des großen Jenseits gesehen, von wo nie ein Schiff zurückkehrt, um seine Bemannung dem Staube der Erde zu übergeben. Eine graue Salzkruste bedeckte die Nan-Shan bis hinauf zu den Knöpfen der Masten und dem oberen Rande des Schornsteins, als ob (wie ein witziger Seemann sagte) die Leute an Bord sie irgendwo vom Grunde des Meeres aufgefischt und um des Bergegeldes willen hergebracht hätten. Und in der Freude über seinen guten Witz fügte er hinzu, er biete fünf Pfund Sterling für sie – „wie sie da liegt."

Die Nan-Shan hatte noch keine Stunde lang im Hafen gelegen, als ein magerer, kleiner Mann mit roter Nasenspitze und einem verbissenen Gesichte ans Land ging und sich noch einmal zurückwandte, um ingrimmig die Faust gegen das Schiff zu schütteln. Ein großgewachsener Kerl mit wässrigen Augen und für seinen rundlichen Oberkörper viel zu dünnen Beinen machte sich an ihn heran und bemerkte: „Eben das Schiff verlassen – he? Hat wohl pressiert?“

Er trug einen schmierigen Anzug von blauem Flanell und ein Paar schmutzige Segeltuchschuhe; ein graubrauner Schnurrbart hing von seinen Lippen herab, und zwischen dem Rand und dem Kopf seines Hutes schien das Tageslicht an zwei Stellen hindurch.

„Hallo! Was machst du hier?“ fragte der Ex-Steuermann der Nan-Shan, einen hastigen Händedruck mit dem Manne wechselnd.

„Bin einem Geschäft zulieb unterwegs – hat mir einer was verraten – 's soll der Mühe wert sein,“ erklärte der Mann mit dem zerrissenen Hute in abgebrochenen, keuchenden Lauten. Der zweite Steuermann ballte noch einmal die Faust gegen die Nan-Shan. „Ein Kerl ist da drüben, der nicht einmal verdient, daß man ihm das Kommando eines Fährbootes gibt!“ sagte er, vor Zorn bebend, während der andre gleichgültig umhersah.

„So?“

Jetzt bemerkte er auf dem Kai eine schwere, braun angestrichene Seemannskiste unter einem abgenützten Überzug von Segeltuch und mit einer neuen, starken Schnur umwunden. Er betrachtete sie mit lebhaftem Interesse.

„Ich würde nicht schweigen,“ fuhr der Ankömmling fort, „wenn die verdammte siamesische Flagge nicht wäre. Aber an wen soll man sich da wenden – ich wollt' ihm sonst schon heiß machen. Solche Falschheit! Sagt zu seinem ersten Ingenieur – der ein ebenso großer Narr ist wie er selbst – ich hätte den Verstand verloren! Ein größerer Haufe unwissender Narren ist nie auf einem Schiff beisammen gewesen. Nein! Du kannst dir nicht denken ..."

„Hast doch dein Geld richtig gekriegt?" fragte sein schäbiger Bekannter plötzlich.

„Ja. Hat mich sofort abgelohnt," berichtete der Steuermann wütend. „›Suchen Sie sich Ihr Frühstück am Lande,‹ hat er gesagt."

„Gemeiner Hund," bemerkte der andre apathisch und leckte seine Lippen. „Was meinst du, wollen wir nicht eins trinken?"

„Er hat mich geschlagen!" zischte der zweite Steuermann.

„Was? Geschlagen? Nicht möglich!" Der Mann in blauem Flanell bewegte sich teilnehmend um ihn. „Hier kann man unmöglich reden. Du mußt mir alles erzählen. Geschlagen? – wie? Halt – der Bursche dort könnte deine Kiste tragen. Ich weiß eine ruhige Ecke, wo es gutes Flaschenbier gibt ..."

Jukes, der die Küste mit dem Fernglase absuchte, erzählte dem ersten Ingenieur später, daß „unser ehemaliger zweiter Steuermann" nicht lange gebraucht habe, um einen Freund zu finden.

Das Klopfen und Hämmern, das die notwendigen Wiederherstellungsarbeiten mit sich brachten, hatte nichts Störendes für Mac Whirr, ja, der Steward fand in dem Briefe, den der Kapitän in dem wieder wohlgeordneten Kartenhause schrieb, Stellen von solchem Interesse, daß er zweimal beinahe bei der Lektüre überrascht worden wäre. Allein Frau Mac Whirr in ihrem Salon des Vierzig-Pfund-Sterling-Hauses unterdrückte ein Gähnen beim Lesen – vielleicht aus Selbstachtung, denn sie war allein.

Sie lehnte sich nachlässig zurück in ihren plüschbezogenen, vergoldeten Schaukelstuhl vor dem mit Porzellanplatten verkleideten Kamine, dessen Sims japanische Fächer zierten, während ein behagliches Kohlenfeuer hinter seinem Roste brannte. Sie erhob die Hände mit dem Briefe und blätterte gelangweilt in seinen zahllosen Seiten. Was konnte sie dafür, daß deren Inhalt so prosaisch war, so höchst uninteressant, von dem Anfange: „Geliebtes Weib!" bis zu dem „dein dich liebender Gatte!" am Schluß. Man konnte wahrhaftig nicht von ihr verlangen, daß sie all diese Schiffsangelegenheiten verstand. Sie war ja natürlich froh, von ihm zu hören, ohne sich je eigentlich die Frage vorgelegt zu haben, warum.

„Man nennt diese Art von Sturm Taifun ... der erste Steuermann wollte nicht recht dran ... nicht in Büchern ... konnte es unmöglich dulden ..."

Das Papier raschelte energisch. „... Eine Windstille, die über zwanzig Minuten anhielt," las sie zerstreut; und die nächsten Worte, denen ihre gedankenlosen Blicke an der Spitze einer neuen Seite begegneten, lauteten: „dich und die Kinder wieder zu sehen ..." Sie machte eine ungeduldige Bewegung. Immer dachte er daran, nach Hause zu kommen. Noch nie hatte er ein so hohes Gehalt gehabt. Was wollte er eigentlich?

Es fiel ihr nicht ein, das Blatt noch einmal umzuwenden und nachzusehen. Sie würde sonst gefunden haben, daß zwischen vier und sechs Uhr morgens am fünfundzwanzigsten Dezember Kapitän Mac Whirr tatsächlich geglaubt hatte, sein Schiff könne unmöglich noch eine Stunde lang in einem solchen Sturme aushalten, und er würde sein Weib und seine Kinder nie wieder sehen. Niemand sollte dies je erfahren (seine Briefe wurden so schnell verlegt) – niemand außer dem Steward, auf den diese Enthüllung tiefen Eindruck machte – so tiefen, daß er versuchte, dem Koch eine Vorstellung von der großen Gefahr beizubringen, „in der wir alle geschwebt," indem er feierlich versicherte: „Der Alte selbst hatte verdammt wenig Hoffnung auf unsre Rettung."

„Wie wollen Sie das wissen?" fragte der Koch, ein alter Soldat, geringschätzig. „Hat er es Ihnen am Ende gar gesagt?"

„Nun, er hat mir wenigstens eine dahingehende Andeutung gemacht," antwortete der Steward mit dreister Stirne.

„O hören Sie auf! Nächstens wird er auch noch zu mir kommen, um es mir zu sagen," höhnte der alte Koch. –

Frau Mac Whirrs Blicke flogen suchend weiter.

„… mußte tun, was recht ist … elende Geschöpfe … Nur drei haben ein Bein gebrochen, und einer … dachte, es sei besser, keinen Lärm zu machen … hoffe, das Rechte getan zu haben …"

Sie ließ die Hände sinken. Nein, er schrieb nichts mehr vom Heimkommen. Hatte, wie es schien, nur einen frommen Wunsch ausgesprochen. Frau Mac Whirr hatte ihre Gemütsruhe wieder gewonnen. Wie fein und behaglich die schwarze Alabasteruhr tickte; der Juwelier hatte sie auf drei Pfund achtzehn Schilling und sechs Pence geschätzt.

Die Tür flog auf und ein Mädchen in der Periode der langen Beine und kurzen Kleider stürzte ins Zimmer. Ihr farbloses, etwas spärliches Haar hing lang über ihre Schultern herab. Als sie ihre Mutter mit dem Briefe in der Hand erblickte, blieb sie stehen und richtete ihre wasserblauen Augen neugierig auf das Schreiben.

„Vom Vater," murmelte Frau Mac Whirr. „Wo hast du dein Band hingebracht?"

Das Mädchen griff mit den Händen nach dem Kopfe und warf die Lippen auf.

„Er ist wohl," fuhr Frau Mac Whirr in gleichgültigem Tone fort. „Ich denke es wenigstens; sagen tut er es ja nie." Dabei lachte sie ein wenig. Das Gesicht des Mädchens aber drückte gleichgültige Zerstreutheit aus. Ihre Mutter betrachtete sie mit liebevollem Stolze.

„Geh' und hol' deinen Hut," sagte sie nach einer Weile. „Ich muß ausgehen und einige Einkäufe machen. Bei Linoms ist eine Versteigerung."

„Oh, das ist fein!" rief das Kind mit einer Lebhaftigkeit, die man nicht hinter ihm gesucht hätte, und eilte aus dem Zimmer. –

Es war ein regenloser Nachmittag, der Himmel grau und die Gehsteige trocken. Vor dem Laden des Modisten begrüßte Frau Mac Whirr eine stattliche Frau in einem reich mit Schmelz und Perlen besetzten schwarzen Mantel und mit einem blumengeschmückten Hute über dem gelben, ältlichen Gesichte. Die beiden wechselten einen Strom lebhafter Begrüßungen und Ausrufe und überstürzten sich darin, als ob die Straße sich im nächsten Augenblick auftun und das ganze Vergnügen verschlingen könnte, ehe sie Zeit gefunden, es zu genießen.

Die hohe Ladentür hinter ihnen mußte halb offen stehen bleiben; der Verkehr war gesperrt; einige Herren standen geduldig wartend da, während Lydia in die nützliche Beschäftigung vertieft war, das Ende ihres Schirmes zwischen die Steinplatten zu bohren. Frau Mac Whirr sprach hastig.

„Danke schön. Er kommt noch nicht nach Hause. Es ist natürlich sehr traurig, ihn nicht hier zu haben, aber es ist doch ein großer Trost, ihn so wohl zu wissen." Frau Mac Whirr holte Atem. „Das Klima dort bekommt ihm sehr gut," fügte sie strahlend hinzu, als ob der arme Mac Whirr seiner Gesundheit wegen China bereiste. –

Der erste Ingenieur wollte auch nicht sofort nach Hause kommen. Herr Rout wußte den Wert eines vorteilhaften Kontraktes zu gut zu würdigen.

„Salomon sagt, es gebe auch heutzutage noch Wunder," rief Frau Rout vergnügt der alten Dame im Lehnstuhl am Kamine zu. Herrn Routs Mutter, deren welke Hände in schwarzen Halbhandschuhen auf ihrem Schoße lagen, rührte sich ein wenig.

Die Augen der jüngeren Frau tanzten geradezu über das Papier. „Der Kapitän seines Schiffes – ein etwas beschränkter Kopf, wie du dich erinnern wirst, Mutter – hat etwas sehr Gescheites getan, sagt Salomon."

„Ja, meine Liebe," antwortete die alte Dame sanft. Sie hatte das Silberhaupt geneigt und ihr Gesicht zeigte jenen Ausdruck innerlichen Schweigens, wie er sehr alten Leuten eigen ist, die in die Betrachtung der letzten flackernden Regungen des Lebens vertieft zu sein scheinen. „Ich glaube, mich zu erinnern."

Salomon Rout, der alte Sal, Vater Sal, der Chef, Rout – der tüchtige Mann – Herr Rout, der väterliche Freund der Jugend, war das jüngste ihrer vielen, jetzt außer ihm sämtlich verstorbenen Kinder. Sie konnte sich ihn am besten denken, wie er als Knabe von zehn Jahren gewesen – lange ehe er fortging, um seine Lehrzeit in irgend einem großen Maschinenwerke des Nordens durchzumachen. Sie hatte seitdem so wenig von ihm gesehen und hatte so viele Jahre durchlebt, daß sie jetzt sehr weit zurückgehen mußte, um ihn durch den Nebel der Zeit deutlich zu erkennen. Manchmal kam es ihr vor, als spreche ihre Schwiegertochter von irgend einem fremden Manne. Frau Rout jun. war enttäuscht. „Hm! hm!" Sie wandte das Blatt um. „Wie schade! Er sagt nicht, was es war. Sagt, ich könnte doch nicht verstehen, was es heißen will. So etwas! Was könnte denn so schwer daran zu verstehen sein? Was für ein böser Mann, daß er uns nicht mehr sagt!"

Sie las ohne weitere Bemerkung mit ernster Miene weiter und blieb endlich in Nachdenken versunken sitzen. Herr Rout hatte nur ein oder zwei Worte über den Taifun geschrieben, hatte sich aber veranlaßt gefühlt, eine vermehrte Sehnsucht nach dem Zusammensein mit seiner Frau auszusprechen. „Wäre es nicht, daß du die Mutter nicht allein lassen darfst, ich würde dir heute noch das Geld zur Reise schicken. Du könntest dir hier ein kleines Haus einrichten, und ich hätte dann doch die Möglichkeit, dich öfter zu sehen. Wir werden ja nicht jünger ..."

„Er ist wohl, Mutter," seufzte Frau Rout, sich aufraffend.

„Er ist immer ein gesunder, kräftiger Knabe gewesen," sagte die alte Frau ruhig. –

Steuermann Jukes' Schilderung seiner Erlebnisse war höchst lebendig und ausführlich. Sein Freund, der auf dem Atlantischen Ozean fuhr, teilte seinen Brief mit Behagen den Kameraden an Bord mit. „Ein Bekannter schreibt mir über eine merkwürdige Geschichte, die an Bord seines Schiffes während jenes Taifuns passiert ist, von dem wir vor zwei Monaten in den Zeitungen gelesen haben. Eine kostbare Geschichte! Lesen Sie nur selbst, was er schreibt! Da ist sein Brief."

Die Epistel enthielt Sätze, die berechnet waren, dem Leser den Eindruck kühnen, unerschütterlichen Mutes zu machen. Jukes hatte sie in gutem Glauben geschrieben; denn während er schrieb, hatte er so und nicht anders empfunden. Er malte die Vorgänge im Zwischendeck in gespenstischer Beleuchtung und schloß seine Erzählung wie folgt: „Plötzlich kam mir der Gedanke, daß diese verdammten Chinesen nicht wissen konnten, ob wir nicht eine Art tollkühner Räuberbande seien. Es ist nicht gut getan, dem Chinesen sein Geld zu nehmen, wenn er der stärkere Teil ist. Wir hätten allerdings toll sein müssen, um in einem solchen Sturme auf Raub auszugehen; aber was wußten diese armen Teufel von uns? Also bedachte ich mich nicht zweimal, sondern kommandierte die Matrosen so schnell als möglich hinaus. Unsere Aufgabe war gelöst, der Wunsch des Alten erfüllt. Wir machten uns davon, ohne uns zu erkundigen, wie sie sich fühlten. Ich bin überzeugt, sie hätten uns in Stücke zerrissen, wären sie nicht so unbarmherzig zusammengerüttelt gewesen und hätten sie sich nicht, einer wie der andre, so sehr gefürchtet. O, es hätte nicht viel gefehlt, das kann ich dir sagen, und du kannst dein Leben lang auf dem großen Teiche, den man das Atlantische Meer nennt, hin und her fahren, ohne daß du dich solch einem Auftrage gegenübersiehst."

Es folgten nun einige fachmännische Mitteilungen über die Beschädigungen, die das Schiff erlitten hatte, dann hieß es weiter:

„Als der Sturm sich gelegt hatte, befanden wir uns in einer bedenklichen Lage, zu deren Verbesserung der Umstand, daß wir kürzlich zur siamesischen Flagge übergegangen waren, durchaus nicht beitrug, wenn auch der Kapitän nicht begreifen kann, daß darauf irgend etwas ankommt – ›so lange *wir* an Bord sind‹ – wie er sagt. Es gibt Empfindungen, die dieser Mann einfach nicht kennt – da ist nun einmal nichts zu machen. Man könnte ebensogut versuchen, sie einem Bettpfosten begreiflich zu machen. Abgesehen von subjektiven Empfindungen aber ist ein Schiff in einer verdammt verlassenen Lage, wenn es ohne richtige Konsuln, ohne irgend jemand, an den man sich in der Not wenden kann, ja selbst ohne irgendwo ein eigenes Kanonenboot zu besitzen, auf den chinesischen Meeren herumfährt. Wäre es nach mir gegangen, so hätte man die Kulis noch ungefähr fünfzehn Stunden länger im Zwischendeck gelassen, da wir nicht mehr viel weiter von Futschou entfernt waren. Dort hätte man jedenfalls irgend ein Kriegsschiff gefunden, dessen Kanonen uns genügend Sicherheit gewährt hätten; denn jeder Kapitän eines Kriegsschiffes – ob englisch, französisch oder holländisch – würde sich in einer derartigen Angelegenheit auf die Seite der Weißen stellen. Der Chinesen und ihres Geldes hätten wir uns dann entledigt, indem wir sie ihrem Mandarin oder Taotai übergeben hätten, oder wie man diese Kerle heißt, die sich in Sänften in ihren stinkenden Straßen herumtragen lassen. Dem alten Manne aber wollte das nicht einleuchten. Er wollte kein Aufhebens von der Sache gemacht haben. Das hatte er sich einmal in den Kopf gesetzt, und keine Dampfwinde hätte es wieder herausgebracht. Er wollte so wenig als möglich von der Sache geredet wissen, um dem Schiffe keinen üblen Namen zu machen und um seiner Eigentümer willen – ›um aller Beteiligten willen,‹ sagte er und sah mich streng an. Es machte mich wütend. Es war ja unmöglich, eine Sache, wie diese, geheimzuhalten. Anderseits waren die Kisten der Chinesen auf die übliche Art verwahrt gewesen, wie es für jeden gewöhnlichen, natürlichen Sturm genügt hätte, während bei diesem alle Mächte der Hölle sich verschworen zu

114

haben schienen. Du kannst dir unmöglich einen Begriff davon machen.

„Inzwischen konnte ich mich kaum mehr auf den Füßen halten. Niemand von uns war während der letzten dreißig Stunden irgendwie abgelöst worden, und da saß der alte Mann, rieb sich das Kinn, rieb sich den Kopf und sinnierte, ohne auch nur daran zu denken, seine langen Stiefel auszuziehen.

„›Herr Kapitän,‹ sage ich, ›Sie lassen sie doch hoffentlich nicht eher auf Deck kommen, als bis wir einigermaßen wissen, wie wir ihnen begegnen sollen.‹ Wohlverstanden, nicht, als ob ich es für leicht gehalten hätte, über die Bande Herr zu werden, falls sie etwas im Schilde geführt hätte. Der Aufstand einer Ladung Kulis ist kein Kinderspiel. Ich war auch furchtbar müde. ›Ich wäre froh,‹ sag' ich, ›wenn Sie uns erlaubten, ihnen den ganzen Haufen Dollars hinunterzuwerfen, damit sie die Sache unter sich ausfechten, während wir uns ausruhen.‹

„›Das ist sehr unbesonnen geredet, Herr Jukes,‹ sagt er und erhebt die Augen zu mir in seiner langsamen, langweiligen Art, die ich nun einmal nicht leiden kann. ›Wir müssen etwas ausdenken, wodurch wir allen Beteiligten gerecht werden.‹

„Wie du dir denken kannst, hatte ich alle Hände voll zu tun. Ich stellte also meine Leute an und dachte dann, ich wollte mich ein wenig zurückziehen. Aber ich hatte noch keine zehn Minuten geschlafen, als der Steward zu mir hineinstürzte und mich an den Beinen zog. ›Um Gottes willen, Herr Jukes, kommen Sie! Kommen Sie schnell auf Deck, Herr! O bitte, kommen Sie!‹

„Der Bursche erschreckte mich zu Tode. Ich wußte nicht, was geschehen war: hatte der Sturm sich wieder erhoben – oder was sonst. Ich konnte keinen Wind hören. ›Der Kapitän läßt sie heraus! O, er läßt sie heraus! Laufen Sie schnell auf Deck, Herr, und retten Sie uns! Der erste Ingenieur ist eben hinuntergelaufen, um seinen Revolver zu holen.‹

„So verstand ich den Mann wenigstens. Vater Rout schwört indessen, daß er nur gegangen sei, sich ein reines Taschentuch zu holen. Wie dem auch sein mag, ich fuhr mit einem Satz in die Hosen und stürzte nach dem Hinterdeck. Auf dem vorderen Teile der Brücke herrschte allerdings Lärm genug. Auf dem Hinterdeck aber waren vier Matrosen und der Bootsmann beschäftigt. Ich händigte ihnen rasch ein paar Pistolen ein, wie sie alle Schiffe an der chinesischen Küste in der Kajüte mit sich führen, und eilte mit ihnen auf die Brücke. Unterwegs rannte ich an den alten Sal an, der an einer unangezündeten Zigarre sog und mich verwundert ansah. ›Kommen Sie!‹ schrie ich ihm zu.

„So stürmten wir sieben Mann hoch zum Kartenhaus hinan. Doch alles war schon vorüber. Da stand der Alte noch immer in den bis zu den Hüften reichenden Wasserstiefeln und in Hemdärmeln – war ihm vermutlich warm geworden über dem Ausdenken. Bun Hins kleiner Schreiber stand neben ihm, so schmutzig wie ein Schornsteinfeger und noch grasgrün im Gesicht. Ich konnte sofort sehen, daß ich das Mißfallen meines Gebieters erregt habe.

„›Was zum Teufel sind das für Affenstreiche, Herr Jukes?‹ fragte der alte Mann. Er war so erzürnt, wie er nur überhaupt sein kann. Ich sage dir, ich war keines Wortes mächtig. ›Um Gottes willen, Herr Jukes,‹ fuhr er fort, ›nehmen Sie den Leuten die Pistolen ab, ehe jemand verletzt wird. Hol' mich der Henker, wenn es auf diesem Schiff nicht schlimmer zugeht als in einem Narrenhause.

Passen Sie auf jetzt! Sie sollen mir und Bun Hins Schreiber helfen, das Geld da zu zählen. Vielleicht sind Sie auch so gut, mit Hand anzulegen, Herr Rout, da Sie einmal da sind. Je mehr wir unser sind, desto besser.‹

„Er hatte sich alles zurechtgelegt, während ich geschlafen hatte. Wären wir auf einem englischen Schiff gewesen oder hätten wir auch nur mit unsrer Ladung von Kulis einen englischen Hafen, wie Hongkong zum Beispiel, angelaufen, so hätte es Untersuchungen und Belästigungen ohne Ende gegeben – Entschädigungsansprüche und so weiter. Aber diese Chinesen kennen ihre Beamten besser als wir.

„Die Kulis waren schon aus dem Zwischendeck befreit worden und befanden sich bereits alle auf Deck, nachdem sie eine Nacht und einen Tag unten zugebracht hatten. Es war ein eigentümlicher Anblick – diese vielen hageren, wilden Gesichter. Die armen Kerle glotzten umher, zum Himmel hinauf und aufs Meer hinaus, aufs Schiff – als hätten sie erwartet, die ganze Geschichte sei in Stücke geweht worden. Kein Wunder auch! Sie hatten so Furchtbares durchgemacht, daß einem weißen Manne darüber die Seele aus dem Leibe gefahren sein würde. Aber man sagt ja, der Chinese habe keine Seele. Jedenfalls hat er etwas verteufelt Zähes an sich. Da war zum Beispiel unter den Schwerverletzten ein Bursche, dem das eine Auge um ein Haar ausgeschlagen worden wäre. Es stand ihm so groß wie ein halbes Hühnerei aus dem Kopfe heraus. Einen Weißen würde so etwas auf vier Wochen ans Bett gefesselt haben, und da war dieser Bursche mitten im Gedränge, sich mit den Ellbogen Platz verschaffend und mit den andern schwatzend, als ob nichts geschehen wäre! Sie unterhielten sich mit großem Geräusch, sobald aber der Alte seinen kahlen Kopf auf der Vorderseite der Brücke sehen ließ, hörten sie auf zu räsonieren und sahen ihn von unten herauf aufmerksam an.

„Es scheint, daß der Kapitän, nachdem er seinen Plan gemacht hatte, den chinesischen Schreiber hinunterschickte, um seinen Landsleuten zu erklären, auf welche Weise allein sie ihr Geld zurückbekommen könnten. Er setzte mir später auseinander, daß, da alle Kulis am gleichen Orte und gleich lange gearbeitet hatten, er ihnen allen am besten dadurch gerecht zu werden hoffte, daß er alles Geld, das wir aufgelesen, gleichmäßig unter sie teilte. Man hätte ja unmöglich den Dollar des einen von dem des andern unterscheiden können, sagte er, und wenn man jeden hätte fragen wollen, wie viel Geld er an Bord gebracht habe, so hätten sie wahrscheinlich gelogen und er hätte sich sehr im Nachteil befunden. Ich glaube, darin hatte er recht. Hätte er aber das Geld irgend einem chinesischen Beamten gegeben, den er in Futschou hätte auftreiben können, so hätten die Kulis nicht mehr davon gesehen, meinte er, als wenn er es gleich in seiner eigenen Tasche hätte verschwinden lassen. Ich glaube, die Kulis dachten dasselbe.

„Wir wurden vor Dunkelwerden mit der Verteilung fertig. Es war ein merkwürdiges Schauspiel: die hochgehende See, das einem Wrack ähnliche Schiff, die Chinesen, wie sie einer nach dem andern auf die Brücke wankten, um ihren Anteil in Empfang zu nehmen, und der Alte, noch in seinen Stiefeln und in Hemdärmeln, geschäftig unter der Tür des Kartenhauses das Geld austeilend, während ihm der Schweiß von der Stirne rann – dann und wann Vater Rout und mir eine scharfe Rüge erteilend, wenn wir ihm nicht alles zu Dank machten. Denen, die nicht imstande waren, auf die Brücke zu kommen, brachte er ihren Anteil persönlich. Drei Dollars blieben übrig, von denen die drei am schwersten verwundeten Kulis je einen erhielten.

„Später machten wir uns daran, die Haufen nasser Lumpen und aller Arten von Bruchstücken formloser Gegenstände, denen man keinen Namen zu geben wußte, aufs Deck hinauszuschaufeln, es den Kulis selbst überlassend, das Eigentumsrecht daran festzustellen.

„So war allerdings alles Aufsehen vermieden und das Beste aller Beteiligten so viel als möglich gewahrt. Was sagst du dazu, alter Paketschifffritze? Der erste Ingenieur behauptet, dies sei wirklich das einzig Richtige gewesen. Der Kapitän sagte kürzlich zu mir: ›Es gibt Dinge, über die man in Büchern nichts finden kann.‹ Ich meine, für einen so beschränkten Mann hat er sich sehr gut aus der Sache gezogen.“

CPSIA information can be obtained
at www.ICGtesting.com
Printed in the USA
LVHW060724160222
711214LV00005B/78